중국
전통법률
문화가
동남아시아에
미친 영향

중국
전통법률
문화가
동남아시아에
미친 영향

초판 1쇄 인쇄 2021년 06월 14일
초판 1쇄 발행 2021년 06월 21일
옮 긴 이 김승일(金勝一)·주훼이(朱暉)
발 행 인 김승일(金勝一)
디 자 인 조경미
출 판 사 구포출판사
출판등록 제 2015-000026호

잘못된 책은 바꿔드립니다.
가격은 표지 뒷면에 있습니다.

ISBN 979-11-90585-01-9 (03320)

판매 및 공급처 구포출판사

주소: 서울 중구 퇴계로 54길 5   Tel: 02-2268-9410   Fax: 0502-989-9415
블로그: https://blog.naver.com/jojojo4

※ 이 도서의 국립중앙도서관 출판시 도서목록(CIP)은 서지정보유통지원시스템 홈페이지(http://seoji.nl.go.kr)와 국가자료공동목록시스템에서
  이용하실 수 있습니다.

중국 전통법률 문화가 동남아시아에 미친 영향

리용창(李永强), 마훼이웨(马慧玥) 지음
김승일(金勝一), 주훼이(朱暉) 옮김

구포 출판사
九 苞 出 版 社

- contents -

서론

중화법계(中華法系)는 세계 5대 법률체계의 하나이다. 중국의 전통법률문화는 오랜 세월 동안 동아시아와 동남아시아 지역에 영향을 미쳤다. 국내외 학술계는 중국의 전통법률문화가 중국 외의 지역에 미친 영향을 연구하면서 동아시아와 베트남에 미친 영향을 비교적 많이 연구했다. 하지만 중국의 이웃나라이며 많은 화인들이 집거해있는 동남아시아는 기타지역에 비해 비교적 적게 연구해왔다. 사실상 중국의 전통법률문화는 동남아시아에 깊은 영향을 미쳤으며, 오늘날 동남아시아 법률문화의 중요한 구성부분이 되어 있음에도 말이다.

1. 관련 개념에 대한 정의
(1) 동남아시아

이 책에서 말하는 동남아시아는 동경 92°부터 동경 141°까지, 남위 14°부터 북위 28° 사이의 지역을 말하는데, 북쪽으로는 중국 대륙, 동쪽으로는 태평양, 남쪽과 서쪽으로는 인도양에 에워싸인 지역을 말한다. 동남아시아에는 미얀마, 타이, 베트남, 라오스, 캄보디아, 말레이시아, 브루나이, 싱가포르, 인도네시아, 필리핀 등 10개의 국가가 위치한 중남반도(中南半岛)와 남양군도(南洋群岛)를 말한다. 중국은 역사적으로 이 지역을 '남양'과 '서양(西洋)'이라고 부르고 있으며, 서방에서는 '인도차이나' 혹은 '인도제도"라고 부른다. 동남아시아지역이 "일체(一切)로 여겨진 역사"는 오래 되었다. 하지만 '동남아(Southeast Asia)'라는 현행의 국제 통용호칭을 가지게 된 것은 제2차 세계대전부터였다. 군사전략을 지휘하는데 편리하도록 동맹군은 이 지역을 동남아라고 불렀다. 제2차 세계대전 후 동남아시아 주요 국가들인 필리핀, 인도네시아, 말레이시아, 타이, 싱가포르 등 5개 국가들이 처음으로 동남아시아 국가연맹(Association of Southeast Asian Nations ASEAN)의 건립을 제안했다. 이를 선후로 하여 브루나이(1984년), 베트남(1995년), 라오스, 미얀마(1997년), 캄보디아(1999년) 등이 이 연맹에 가입했으며, 이로써 동남아시아의 '공동의식'이 날로 선명해지고 있는 것이 지금의 형세이다.

근대학술계에서는 동남아시아 전체에 대한 연구가 비교적 늦게 시작되었다. '동남아시아'라는 명칭이 통용되기 전의 이 지역에 대한 연구는 주로 16세기를 기준점으로 하여 그 전과 그 후로 나누고 있다. 그 전의 동남아 관련 문헌자료는 주로 중문으로 이루어졌다. 불완전한 통계에 의하면 서한(西汉)부터 만청(晚淸) 이전의 동남아 관련 정사(正史), 지방지(方志), 여행기(游记)등 중문으로 된 역사 저술이 274종이 있다고 한다. 지금의 학자들이 이런 문헌자료들을 무시하고 동

---

1) 프랑스 학자 George Coedès가 1946년에 출판한 동남아시아 저작의 제목을 『인도차이나와 인도네시아의 인도화 국가』라고 달았다. 이 책의 중국어 번역본은 2008년에 『동남아시아의 인도화 국가』라는 제목으로 출판되었다.

남아의 조기역사를 연구한다는 것은 불가능하다. 동남아시아 본토에 있는 동남아시아 관련 16세기 이전의 문헌자료는 『자바제왕지(爪哇諸王志)』, 『자바사송(爪哇史頌)』 등 몇 개뿐이다. 이처럼 14세기 이후에 나타난 편년사(編年史)와 기타 문학작품도 동남아의 조기 역사를 연구하는 중요한 자료이다.[2]

16세기에 서방 열강들이 동남아시아를 대거 침범하면서 서방학자들의 연구방향도 자연스레 이 지역으로 기울었다. 동남아시아지역의 연구는 우선 본국의 식민지 지역연구로써 표현되었다. 학술과 정치는 이런 연구에서 완전히 이탈된 적이 없었다. 학술에는 국경이 없지만, 학자들은 국적이 있기에 자국의 식민지 지역에 더욱 관심을 두는 것은 정상적인 현상이라 할 수 있다. 동남아시아지역은 식민국가의 이름을 따 "영국령 말레이시아", "네덜란드령 동인도", "프랑스령 인도차이나" 등으로 나뉘며, 식민국가의 제도문화는 불가피하게 그 지역역사의 한 부분이 되었다.

예를 들면 F.W. Stapper(F.W. 斯塔普尓)의 『네덜란드령 동인도 사(史)』는 동남아지역 네덜란드의 식민지를 주요 연구대상으로 하는 네덜란드 시각의 동남아 역사이다.[3] 나라별 연구 외에도 중요한 종합적인 연구저작도 있다. George Coedès가 1944년에 출판한 『인도차이

---

2) [뉴질랜드]尼古拉斯·塔格: 『劍橋東南亞史』, 제1권, 賀圣达, 陈明华 등 역, 3쪽, 쿤밍(昆明), 云南出版社, 2003년.

3) Hall은 Johannes Gijsbertus de Casparis의 견해를 인용해 이런 방법을 "유럽 중심"이라고 했으며 "『네덜란드령 동인도 사』는 인도네시아의 역사 중 '인도시기'를 네덜란드인들 활동사의 서막 혹은 서론으로 간주하고 논술했다"고 하면서 이런 연구 방법은 부족한 점이 있다고 했다. [영]霍尓: 『東南亞史』, 中山大学东南亚历史研究所 번역, 13쪽, 베이징, 商务印书馆, 1982.

나와 인도네시아의 인도화(化) 국가』가 대표적이다. 이 책은 동남아 지역의 문화와 정치조직을 연구대상으로 했으며, '인도화'의 개념은 George Coedès의 견해이기도 하다. 사실상 이는 제2차 세계대전 이전의 동남아지역 연구의 중요한 특징이라고 할 수 있다. 동남아시아 역사를 연구하는 대부분의 학자들은 모두 인도와 중국의 역사문화를 섭렵하고 있기에 연구과정에서 "현지문화가 인도 혹은 중국의 영향을 받은 상황"에 대해 특히 주의했다.

　동남아시아지역이 '인도차이나'라고도 불리는 점에서도 서방학자들의 이런 취향을 알 수가 있다. 제2차 세계대전 후부터 동남아시아에 대한 연구는 정규적으로 진행되었다. 1950년 코넬대학에서 동남아시아 프로젝트를 진행하면서 수많은 동남아시아 연구기구들이 나타났고, 적지 않은 작품이 창작되었다. 『케임브리지 동남아시아사(史)』에서는 동남아시아의 사회·경제와 지리에 관한 Charles Fisher(查理斯 費希)의 저작인 『동남아시아』의 내용을 인용했으며, John Gardiner의 저작인 『동남아시아의 역사발전』(1964년)과 『전쟁 후 동남아시아 역사』(1974년), Nicholas Tarling의 저작인 『동남아시아 : 과거와 현재』(1966년) 등의 내용을 인용했다.[4] '동남아시아'라는 말이 처음 학술저작에 나타난 것은 1955년이었다. 영국 학자 Hall은 근대 이후 서방학자들의 동남아시아 역사 관련 연구 성과를 널리 수집하여 『동남아시아사』를 완성했다. 이 저작은 20세기 중엽의 중요한 동남아시아 역사저작으로

---

4) [뉴질랜드] 尼古拉斯·塔格: 『剑桥东南亚史』, 제1권, 贺圣达, 陈明华 등 역, 11~17쪽, 쿤밍, 云南出版社, 2003년.

동남아시아 연구가 더욱 깊이 있고, 더욱 넓게 발전할 수 있는 기초가 되었다. 이 책은 여러 가지 언어로 번역되어 세계적 범위에서 동남아시아를 연구하는 기초 저작이 되었다. 이후 동남아시아 현지 학자들의 연구도 더욱 활발하게 진행되고 발전되었다.

(2) 화인과 화교

이 책의 제목은 "중국의 전통법률문화가 동남아시아에 미친 영향"이다. 여기에서 화인(华人)과 화교(华侨)가 전통문화의 매개체 역할을 하는 작용을 무시할 수가 없다. 화인과 화교는 보편적으로 헷갈리기 쉬운 개념이다. 이 두 가지 개념의 전신은 '당인(唐人)'으로 거슬러 올라가게 된다. '화인'이라는 호칭이 나오기 전에 중국의 고대 사람들은 세계에서 '당인'으로 불렸다. 즉 "한(汉)의 위력은 서북에 있기에 서북에서는 중국을 '한'이라고 하고, 당(唐)의 위력은 동남에 있었기에 만이(蛮夷)는 중국을 '당'이라고 부른다."고 한 것에서 알 수 있다. 청(清)나라 사람 왕사진(王士禛)은 『지북우담(池北偶谈)』에서 이렇게 기록했다. "당인이라 부르는 자들은 네덜란드와 시암(혹은 샴, 타이의 옛 명칭) 등의 나라 사람들이다. 이는 당나라부터 중국을 칭하는 말이 되어 전해 내려왔다." 여기서 네덜란드에서는 중국 사람들을 '당인'이라고 불렀고, 외국에 있는 중국 사람들도 '당인'이라고 자칭했음을 알 수 있다. '당'이라는 글에는 한 종족 공동의 감정이 담겨져 있으며, 공동의 선조와 문화경험을 대표하는 것으로 해외 특히 동남아지역의 화인을 연구함에 있어서 피할 수 없는 개념이다. 중화민국(中华民国)이 건립된 후로부터 '당인'은 점차 '화인(华人)'이라는 칭호로 대체되기 시작했다. '화인'의 근원은 '화하족(华夏族)'으로 거슬러 올라 갈 수 있다. 중화민국의 건립으로 '화(华)'는 새로운 색채를 지니게 되었다.

화인은 중국 국적을 가지고 있거나 본적이 중국인 사람을 가리킨다. 새 중국이 건립되기 전에는 해외 화인과 화교는 모두 해외에 거주하고 있는 중국 국적의 사람들을 의미하는 것으로 화인과 화교는 같은 개념이었다. 이러한 해외 거주 화인들은 청나라 말기부터 그들 국적이 '정치문제'로 되었다.

중국정부는 줄곧 자국 국민들의 해외 이주를 반대했다. 1740년 10월 네덜란드 식민지배자들은 인도네시아 바타비아(지금의 자카르타)에서 광란적으로 화교들을 학살했다. 바타비아의 수만 명 화인들 중에서 살아남은 사람들은 겨우 150여 명이었다. 전대미문의 비극을 역사에서는 홍계참안(紅溪慘案, Angke Massacre)이라고 부른다. 이 소식이 중국 국내에 전해지자 조정과 민간에서는 모두 경악해마지 않았다. 하지만 청나라 정부는 이 사건에 대해 무관심했다. 그들은 해외 화인들은 "나라의 뜻을 어기고 스스로 멀리 떠난 사람들이기에 천조(天朝)는 응당 정법으로 다스려야 한다. 그들이 외국에서 살해당한 것은 자업자득이다."라고 했다. 이로부터 해외 화교들은 여전히 잡아 처벌해야 하는 천조를 배반한 사람으로 간주되었기에, 그들의 국적문제에 대해서는 아무런 의혹을 갖지도 않았다. 이런 관념을 갖고 있는 국가가 이들을 범인으로 여겼기에 화교를 보호한다는 것은 상상할 수도 없는 일이었다.

아편전쟁 이후 중국의 문호는 강압적으로 열려졌다. 청나라 정부는 부득이하게 입장을 완화했다. 1860년에 영국과 체결한『중영속증조약(中英续增条约)』제5조항에는 이런 규정이 있었다. "무오년(戊午年)에 정약(定約)을 서로 교환한 후 대청 대황제(大清大皇帝)는 조항이 체결된 후로 각 성(省)의 독무(督抚)[5]에게 출국하려는 백성, 혹은 영국령 및 외국에 가서 일을 하려는 자가 영국인과의 서약을 증거로 개인 혹은 가족을 단위로 통상항구에서 영국의 선박을 타려 한다면 이들을 저지하지 말아야 한다는 어명을 내려야 한다. 또한 각 성의 관리들이 적절한 시기에 영국의 흠차대신과 함께 항구지역의 상황을 조사하고, 관련 규정을 정해 화공(华工)[6]들의 뜻을 보호하도록 한다."[7]『중프속증조약(中法续增条约)』에도 이와 비슷한 조항이 있었다. 이렇게 해서 외국으로 나가는데 있어서 그동안 금지했던 규정의 제한이 풀리자 외국으로 나가려는 사람들이 급증했다. 통계에 따르면 1850년대 이전에 출국한 화공은 총 28만 명에 달했는데, 1850년부터 1975년 사이의 25년 사이에 출국한 화공은 연 평균 8배의 속도로 증가해 132만 명에 달했다.[8] 하지만 이들 계약노동자들의 출국 후의 생활은 매우 비참했다. 그들은 주로 동남아시아와 라틴아메리카로 판매되어 제일 위험하고 어려운 채광 및 도로 보수 등 노동 강도가 높은 일을 했지만 극도로 가난하고 절망스러운 나날을 보내야 했다. 식민지배자들은 화공

---

5) 독무 : 명청(明清)대에 지방의 최고 군사 장관과 행정 장관인 총독과 순무를 가르킴.
6) 화공 : 외국에서 일하는 중국 노동자.
7) 王铁崖 편 :『中外旧约章汇编』, 제1책, 145쪽, 베이징, 三联书店, 1957.
8) 陈泽宪 :『十九世纪盛行的契约华工制』, 『历史研究』, 1963년, 1쪽.

을 '저자(猪仔, 돼지새끼)'라고 불렀다. 쿠바의 화공들을 예로 들어보면 다음과 같다. 진란빈(陈兰彬)은 쿠바에 가서 1847년부터 1874년까지의 화공의 사례를 조사했는데, 『쿠바 화공 구공청책(古巴华工口供清册)』을 완성하는 27년 사이에 12만여 명의 화공들이 쿠바로 갔지만, 1880년에 쿠바 총령사관에 등록한 화공은 겨우 4만여 명이고, 나머지 8만여 명의 대부분은 계약 만기일 전에 이미 학대에 의해 목숨을 잃었다고 했다. 진란빈은 쿠바 화공들의 비참한 생활을 그리는 시를 남겼다. "살이 갈라터지도록 밤낮으로 일을 했건만, 굶주린 배를 채울 밥도 없구나. 죽은 후 남은 해골까지도, 불에 태워 백설탕을 만들어야 하는구나.(肉破皮穿日夜忙，并无餐饭到饥肠．剩将死后残骸骨，还要烧灰炼白糖．)"[9] 해외 화공들의 생활상태가 이 지경이었으니 이와 비슷하게 관련 있는 안건들도 부지기수로 많았음을 알 수 있다.

상술한 바와 같이 계약화공들의 절박한 요구가 많아지고, 해외 금지령이 풀리면서 남양에 거주하던 당인들은 국내와 빈번히 연락을 주고받게 되었다. 이렇게 해외 화인들의 문제도 날로 부각되었다. 만청(晚清)정부의 "「대청(大清)율법」에 따라 주민등록은 호적을 기준으로 하고, 호적을 마구 변경한 자들은 전문 규정에 따라 죄를 다스린다"는 소극적인 태도는 "시기에 적합하지 않다."[10]고 평가되기 시작했다. 밖으로는 열강들의 압박이 있고, 안에서는 양무파의 변법이 있었기에 청나라 정부는 부득이하게 입장을 바꾸어 이 특정 인원들의 권

---

9) 谭江 : 『人民日报』 海外版에 실린 『哈瓦那纪念碑上的名言』, 2007년 02월 06일.
10) [청]王彦威 : 『清季外交史料』, 3175쪽, 타이베이, 文海出版社, 1999.

리보호 문제를 직시하기 시작했다. 청나라 정부의 이런 변화는『중미
천진조약속증조관(中美天津条约续增条款)』(1868년)인『포안신조약(蒲安
臣条约, The Burlingame Treaty』[11]에서 명확하게 표현되었다.『포안신조
약』에 대한 학술계의 평가는 비방과 칭찬이 반반으로 의론이 분분하
다. 이 조약은 이후의 노동자를 대규모로 수출할 수 있는 문을 열어
주었고, 객관적으로는 청나라 정부가 이 조약을 체결한 열강들에게
서 화교 보호 시에 발생하는 문제를 해결할 수 있는 준칙을 제공하려
는 목표를 실현하도록 선례를 창조했다. 해외 화인을 보호 할 때 보
호 대상의 국적 판단을 위해『포안신조약』의 제5조, 제6조에서는 국
적 문제를 이렇게 규정했다.

> "대청국(大淸国)과 대미국(大美国)은 서로 왕래하고 상주하
> 여 호적을 옮기거나 수시로 왕래하려는 민간인들을 저지하
> 지 말아야 한다. 이는 두 나라 인민의 상호 왕래, 여행, 무
> 역, 장기 거주의 자유를 위해서이다. 이 또한 서로의 이익
> 을 위해서이다. 두 나라 인민들은 자발적으로 거주할 수 있
> 으며, 그렇지 않은 경우에는 이를 허하지 않는다. 두 나라
> 가 제정한 조례에 따라 자발적으로 왕래하려는 것이 아니
> 고, 미국이나 중국 사람이 강압적으로 중국 사람을 미국이
> 나 다른 국가로 데려가거나, 중국 및 미국 사람이 강압적으
> 로 미국인을 중국이나 다른 나라로 데려갈 경우 모두 관례

---

11) 포안신 : 주 중국 미국 공사 Anson Burlingame의 중국 이름.

에 따라 죄를 묻는다. 미국 국민들이 중국에서 장기 거주하거나 체류할 때 중국은 언제나 미국에 최우대국가(最优之国)의 대우를 해주어야 하고, 미국 사람이 중국 사람과 같은 대우를 받도록 해야 하며, 중국 인민이 미국에 장기 거주를 하거나 체류할 때, 미국은 응당 최우대국가 대우를 해주어야 하며, 중국 사람이 미국 사람과 같은 대우를 받도록 해야 한다. 하지만 미국 사람이 중국에 있을 경우 이 조항을 근거로 중국 사람이라고 하지 말아야 하며, 중국 사람이 미국에 있어도 미국 사람이라고 하지 않는다."[12]

이 두 가지 조항을 통해 청나라 정부의 해외 화인문제를 처리하는 두 가지 원칙을 알 수 있다. 첫째, 해외 화인들이 외국호적에 가입하는 것을 허락하나 반드시 자원(自願)이어야 한다. 둘째, 화인들이 비록 외국에 거주하고 있지만 청나라 정부는 여전히 해외 화인의 권익을 보유하고 있으며, 해외 화인은 여전히 "대청자민(大清子民)"이다. 이 두 가지 원칙이 조항으로 발표된 후인 1909년의 『대청국적조례(大清国籍条例)』 제1장 "고유적(固有籍)"에는 만청국적은 "속인주의(属人主义)[13]를 주로 하고, 속지주의(属地主义)[14]를 보충으로 한다"는 원칙을 제정했다.

---

12) 王铁崖 편: 『中外旧约章汇编』, 제1책, 262쪽, 베이징, 三联书店, 1957.
13) 속인주의(屬人主義) : 국민을 중심으로 하여 법을 적용하자는 주의.
14) 속지주의(屬地主義) : 법의 적용 범위에 관한 입법주의의 하나로 자국 영역 내에 위치하게 제한하는 것을 말한다.

"제1조 : 아래와 같은 사람들은 중국에서 태어난 여부를 떠나 모두 중국 국적이다. (1) 생부가 중국 사람인 자. (2) 부친이 사망한 후에 태어났고, 부친이 사망한 시점에 중국 사람인 경우. (3) 생모가 중국인이나 생부의 국적을 확인할 수 없는 자.

제2조 : 만약 부모의 국적을 확인할 수 없거나 무국적인 상황에서 중국지방에서 태어난 자는 중국 국적이다. 출생지를 확인할 수 없으나 중국지방에서 발견한 버려진 아이."

1912년 『중화민국국적법(中华民国国籍法)』과 1929년 『중화민국국적법』도 이 원칙을 따랐으며, 이중국적을 승인했다. 해외 화인은 동시에 거주국과 중화민국 국적을 가지고 있으며, 모두 중국인으로 해외 화인과 화교의 구별이 없었다. 이런 상황은 새 중국이 건립된 후에 변화를 가져왔다. 새 중국이 건립된 후, 여러 가지 원인으로 중국은 이중국적을 승인하지 않는다는 법을 제정했다. 만약 해외 화인이 다른 나라의 국적을 선택하면 중화인민공화국 국적은 자동적으로 잃게 된다. 때문에 필연적으로 화교와 해외 화인의 개념을 구분할 법률을 제정할 필요가 생겼다. 이후부터 국외에 정착하고 있는 중국공민[15]은 화교라 하고, 해외 화인은 기타 국가의 국적에 가입한 본적이 중국인 사람, 즉 중국 혈통을 가진 외국인을 가리키게 되었다.

---

15) 이 부분의 정의는 『중화인민공화국 귀교교권 권익보호법(中华人民共和国归侨侨眷权益保护法)』에서 발췌했다.

이 책의 내용은 1949년까지만 언급할 것이므로 이 책에서 말하는 해외 화인과 화교는 같은 개념이라 할 수 있다.

(3) 영향

국가라는 형식이 동방에서 나타난 후 '천조상국(天朝上国)'은 화하(华夏) 의 나라라는 이름을 가지게 되었으며, 동아시아 고대사를 관통하는 주선율이 되었다. 오랜 역사시기에 중국문화는 세계문화의 선두에서 영향력을 과시했다. 중국문화는 동남아시아에도 영향을 미쳤다. 이 책에서 말하는 '영향'은 아래와 같은 두 가지 형식이다.

첫째는 정부차원의 왕래과정에서의 문화전파이다.

중국과 동남아시아 정부차원의 왕래는 선진(先秦)시대 이전의 동남아시아와의 조공관계로 거슬러 올라 갈 수 있는데, 이는 중국 고대 외교교류의 중요한 구성부분이다. 삼국시기 촉한(蜀汉)정권의 제갈량(诸葛亮)은 미얀마를 개척했고, 손오(孙吴)정권의 주응(朱应)과 태강(泰康)은 부남(扶南)[16]을 방문했으며, 명대(明代)에는 정화(郑和)가 서쪽 바다로 내려갔다. 이렇게 중국과 동남아시아의 우호적 왕래는 오랜 역사를 가지고 있다. 정부 측의 왕래과정에서 문화교류가 발생했다. 이는 중국의 전통법률문화가 영향을 미치게 된 중요한 방식이다. 의관(衣冠)의 수여와 역법(历法)의 적용, 서적의 증여, 선위사(宣慰使)의 설

---

16) 부남 : 인도차이나 반도 남부, 메콩강 하류역의 코친차이나 지방을 중심으로, 1세기 말경부터 6세기 중엽까지 번영한 왕국.

립부터 과거제도의 개방 등은 모두 문화전파의 구성부분이다.

　둘째는 동남아시아 화인들의 낡은 풍속과 습관의 개량이다.
　화인들이 동남아시아지역으로 이민한 역사는 정부교류의 역사보다
오래 되었다. 조기에 우연하게 주번(住蕃)[17]을 했거나 불경을 구하러
간 스님과 왕조가 바뀔 때 피난민들이 남양(南洋)으로 피난을 간 난
민들이 지금 동남아시아 여러 나라 화인 인구의 주요한 구성부분이
되었다. 화인이 주체를 이루는 싱가포르 외의 기타 동남아시아 국가
도 화인의 인구는 국가 총인구에서 일정한 비중을 차지하고 있다. 동
남아시아 화인들은 소수민족으로 간주되어 화족(華族)이라고 부른다.
동남아시아로 이민한 화인들은 중국의 예법문화인 풍속·습관과 예
의 등 중국의 전통문화뿐만 아니라 심지어 법률문화도 동남아시아에
"가져갔으며" 백여 년의 변천을 통해 동남아시아 사회 풍속·습관의
일부분이 되었다.

2. 이 책의 기본구성
　이 책은 서론과 네 개의 장절로 이루어 졌다. 이 책은 중국과 동남
아시아의 교류역사상의 중요한 사건을 통해 중국의 전통법률문화가
동남아시아에 미친 영향을 소개하고, 중국의 전통법률문화의 영향을
받은 주요 인물과 집단에 관한 자료를 정리해 중국의 전통법률문화
가 동남아시아에 깊이 스며든 중요한 사실을 논술했으며, 중국의 전

---

17) 주번(住蕃) : 해외에 나가 그 해에 돌아 오지 않는 상황.

통법률문화가 동남아시아 풍속습관으로 변화되어 동남아시아 국가 법률문화의 일부분이 되는 과정을 종합하였다.

서론에서는 이 책의 내용에 관련된 개념을 정리하고 해독했으며, 이 책의 논리구조를 소개하였다. 제1장 "중국과 동남아시아의 교류"에서는 주로 정부 간의 교류와 민간 왕래의 두 가지 측면으로부터 중국과 동남아시아의 고대사와 근현대사에서 일어난 교류상황을 소개하였다. 정부 측의 교류방면에서는 주로 중국과 동남아시아의 교류역사상의 '풍류인물'과 중요사건을 시간의 순서에 따라 소개해 중국 전통의 조공체계가 중국의 대외문화 교류에 미친 작용을 논술하고, 민간의 왕래방면에서는 주로 상인, 승려, 화공 등 집단이 남양에서 정착하게 된 원인을 분석하고, 근대 동남아시아 화인들의 생존상황 및 인구 총량을 숫자적으로 분석하였다.

제2, 3장에서는 명대 중엽에 이르러 중국의 영향이 동남아시아에서 '퇴출'되고 서방열강들이 동남아시아에 진입하게 되는 시점을 분계선으로 하여 식민지가 되기 이전과 식민지가 된 후 중국의 전통법률문화가 동남아시아에 미친 영향을 논술하고자 했다. 제2장은 "천조질서와 동남아시아—중국의 전통법률문화가 식민시대 이전의 동남아시아에 미친 영향"에서는 먼저 식민지 이전시대에 있어서 중국의 전통법률문화가 동남아시아에 미친 영향을 개괄적으로 서술하고, 중국의 전통법률문화가 동남아시아에 미친 여러 가지 표징을 분석하고자 했다. 다음으로는 "정화의 서양행(鄭和下西洋)"이라는 중국 고대 중외관계의 역사상과 교통했던 역사상의 중대한 사건을 통해 중국의 전통

법률문화가 어떻게 동남아시아에 영향을 미쳤는지를 설명하고, 명조 초기에는 중국의 영향력이 동남아시아 질서를 '지배'하게 된 원인을 분석했다.

제3장 "전통예법과 해외화인사회─중국의 전통법률문화가 식민지시기의 동남아시아에 미친 영향"에서는 화교사회에서 제일 중요한 다섯 가지 요소인 식민정부의 화교관리기구, 화교3보(华侨三宝, 화교집단, 중문교육, 중문신문) 및 화인 종교를 통해 이런 화교사회 구조의 중요한 기둥이 되고 있는 중국적 요소를 분석하고, 중국의 전통법률문화가 동남아시아 화교사회에서의 운행궤적을 고찰하고자 했다.

제4장 "화인 국가의 법률문화 : 싱가포르"에서는 유학(儒学)이 화인 주체국가인 싱가포르에 미친 상황을 분석하여 이를 통해 중국의 전통법률문화가 싱가포르 정치체제 및 법률문화에 미친 영향을 분석하였다.

제1장

중국과 동남아시아의 교류

제1절
중국과 동남아시아의 교류개론

중국과 동남아시아 간의 교류에서 "정화의 서양행"은 상징적 의미가 있는 사건으로 모두 익히 알고 있는 역사사실이다. 사실 중국과 동남아시아의 교류사는 신석기시대로 거슬러 올라갈 수 있다. 싱가포르 학자 치우신민(邱新民)은 이렇게 지적했다. "동남아시아 역사를 배우는 사람들은 드리오피테쿠스가 생겨서부터 지금까지 화인들은 동남아시아의 문화와 밀접한 관련되어 있음을 확실하게 알고 있어야 한다."[18] 근대에 이르러 동남아시아지역에서 출토된 신석기시대의 도기(陶器)공예와 표면 문양은 동시대의 중국 도기와 비슷하다. 여기에서 중국과 동남아시아는 원고시대에 모종의 문화적 연계가 있음을 알 수 있다. 신석기시대를 시작으로 중국과 동남아시아 간의 교류역사는 다섯 개의 역사시기로 나눌 수 있다.

제1시기 : 신석기시기로부터 진(秦)나라 말기의 중국과 동남아시아 교류의 시작시기.

너무 오래전의 역사이고 문자의 발전이 제한적인 원인으로 인해 이 시기의 역사교류 관련 문자 기록는 비교적 적으며, 교류의 내용과 성과는 주로 출토 문물과 고고학 연구의 성과를 통해 나타나고 있다.

---

18) 邱新民:『東南亞文化交通史』, 625쪽, 싱가포르, 新加坡亚洲研究学会, 文学书屋, 1984.

쓰촨(四川)에서 시작해 미얀마를 거쳐 인도로 통하는 촉신독도(蜀身毒道. 남방의 육지 실크로드)는 전국(战国)시대에 처음으로 나타났다. 시황제(始皇帝)는 남방의 백월(百越)[19]을 정벌했으며, 상군(象郡)[20]으로 지정하는 등 '천위(天威, 제왕의 위엄)'는 멀리 베트남 북부에까지 미쳤다. 이 시기의 교류는 주로 민간의 상업왕래에서 표현되었으며, 이미 일정한 규모를 형성했었다.[21]

제2시기 : 한대(汉代)부터 당(唐) 말기까지로 중국과 동남아시아 교류의 발진기.

이 시기에 중국 사람들은 동남아시아지역에 대해 한층 더 이해하고 있었으며, 일부 문서에서 이런 상황을 이해할 수 있다. 『한서(汉书)』로부터 동남아시아 여러 나라들은 중국의 여러 왕정의 「역사지리지(歷史地理志)」의 구성부분이 되었다. '촉신독도'를 통해 중국과 동남아시아의 무역은 활발히 진행되었다. 영창(永昌)군은 무역의 중심이 되었으며, 남해항로의 개척지가 되었다. "배와 선박이 끊이지 않았고, 상인과 사절들이 빈번하게 왕래했다.("舟舶继路, 商使交属,)" '촉신독도'는 중국과 동남아시아 교류의 주요 플랫폼이 되었다. 한대(汉代)로부터 중

---

19) 백월 : 고대 중국 저장성 부근에서 베트남까지의 옛 명칭.

20) 상군 : 중국 진나라의 행정구역 가운데 하나로 꿰이쩌우(贵州) 남부에서 베트남 중부까지의 지역.

21) 윈난(云南) 성문물고고연구소는 젠촨(劍川) 아오펑산(鰲凤山)의 청동문화(춘추전국(春秋战国)시기의 옛 무덤에서 해패(海贝) 47점을 출토했고 쿤밍시문물관리위원회가 청궁(呈贡) 천자묘지 전국 중기 터에서 1500점을 출토했다. 해양생물인 해패가 "주로 서식하고 있는 중국과 가까운 지역으로는 차이나 연해 지역과 말레이시아 반도 일부 지역" 이다. 동남아시아 국가는 이를 화폐로 사용했다. 윈난은 촉신독도의 연선에 있다. 이로부터 윈난의 해패는 동남아시아 지역과의 무역교류에서 온 것이라고 추정할 수 있으며 이런 무역교류는 전국시기에 이미 흔한 일이라는 것을 알 수 있다.

국과 동남아시아는 정부 간의 왕래를 시작했으며, 정부는 여러 차례 동남아시아에 사절단을 보냈고, 조공무역이 날로 발전했다. 양자 간 무역 및 정부의 '우호관계' 외에도 문화교류 특히 종교교류는 발전기 두 지역교류의 주요 특징이라고 할 수 있었다. 동남아시아는 불교가 중국으로 들어오게 된 중요한 환승역 역할을 했으며, 남북조(南北朝) 시기에 인도와 동남아시아의 승려들이 빈번히 방문해 불교를 전도하면서 중국의 불교번영과 발전에 중요한 공헌을 했다.

제3시기 : 송대(宋代)부터 명(明) 말기까지로 중국과 동남아시아 교류의 번영기.

송대부터 남해항로가 육지의 실크로드를 대체하여 중국과 동남아시아 교류의 플랫폼이 되었다. "정화의 서양행"이라는 위대한 시도는 중국과 동남아시아 왕래의 전성시기였다. 정화의 함대는 동남아시아에서 "말로 전수하고 행동으로 시범을 보이면서" 중국의 위신과 영향력을 대대적으로 과시했다. 동남아시아 여러 나라들은 중화의 의관(衣冠)문화를 경모해 사절단을 부단히 파견하면서 중국과 동남아시아 간 정부의 왕래는 전성기에 들어섰다. 동남아시아 여러 나라에서는 차(茶)문화 및 중의학 등 중국의 각종 문화도 따라서 붐이 일어났다. "정화가 서양을 향해 가게 되면서" 동남아시아에 거주하는 화인들도 큰 이득을 보게 되었다. 정화의 서양 행 후의 200년간 중국 사람들은 동남아시아에서 정치·경제적 권위를 통제했으며, 심지어 유럽 열강들도 처음에는 예의를 갖추었다. 그러나 명조가 쇠퇴해지고 열강들이 강대해지면서 동남아시아 화인들의 지위도 몰락했다.

제4시기 : 명대 말기부터 청(淸)대 말기까지의 중국과 동남아시아 교류의 전환기.

명대 말기에 중국정치의 영향력은 동남아시아 무대에서 점차 약해져갔고, 서방 열강들이 이 지역에 대한 중국의 영향력을 대체하기 시작했다. 청대에 이르러 청조가 문호를 봉쇄하면서 중국과 동남아시아의 '조공관계'는 유지되고 있었다고 하지만, 명대와는 상황이 달랐다. 그러나 사회가 어지러운 명·청시기 때에도 화인들이 남양으로 내려가는 붐은 여전했으며, 동남아시아의 화교 인구수도 급격히 증가되면서 중국과 동남아시아의 문화교류를 촉진시켰다. 그러다가 식민지배자들의 분할통치 정책은 화인사회의 형성을 촉진해 중화문화도 현지문화의 주요 구성부분이 되도록 했다.

제5시기 : 청조말기부터 민국시대가 끝날 때까지의 중국과 동남아시아 교류의 재 발전기.

청조 말 이후 중국은 점차 반식민지 국가로 전락되었고, 동남아시아는 열강들에 분할되어 거의 식민지와 같은 처지가 되었다. 열강들은 식민지경제를 발전시키기 위해 중국으로부터 대량의 강제노역을 수입해야 했다. 청나라 정부는 부득이 "해외로 나가는 상황"은 "나라를 배반하는 것"이라는 입장을 변화시켜 화교보호를 법률에 포함시켰다. 동남아시아로 나가는 화교들의 숫자는 기하학적으로 증가했다. 늘어나는 화교들은 두 지역의 교류를 더욱 촉진시켰다. 중국과 동남아시아의 경제·문화교류는 한 번도 중단된 적이 없었다. 『삼국연의(三国演义)』, 『요재지이(聊斋志异)』, 『홍루몽(红楼梦)』 등 중국 고전문학의 저작들은 타이문자로 번역되어 타이에서 출판되었고, 중국과 미얀마 간의 무역 증가액은 장기간에 걸쳐 40만~50만 파운드에 달했다. 근대공업은 도로와 철도가 건설된 후 발전하여 중국과 미얀마의 무역 총량은 비약적인 발전을 가져왔다. 중국혁명으로 탄생한 신민주주의도 화교조직을 통해 전파되어 동남아시아에 일정한 영향을 미쳤다.

제2절
정부의 왕래

정화 이전의 중국과 동남아시아 간의 정부 간 왕래인 '조공(朝貢)'은 천여 년의 역사를 가지고 있다. 조공제도는 진(秦)나라 이전의 분봉(分封)제도에서 기원된 제도로 고대 중국 여러 왕조가 구축한 중외관계의 체계이다. 이 체계는 유가사상을 이론기초로 하며, 주변 국가가 중국에 "공물을 바치는 것"으로 중국의 중앙왕조 지위를 확인하는 것을 주요 내용으로 했으며, 중국은 대신 주변 국가를 책봉(冊封)했다. 이런 국제관계에서 중국은 핵심적 지위에 있었기에 중외 학자들은 이를 "화이(华夷)체계", "화하(华夏)질서", "천조예치(天朝礼治)체계"[22] 라고 불렀다.

중국과 동남아시아의 조공은 이런 "화이체계"의 전형이다. 이런 '조공'의 기원은 진나라 이전 시대에서 찾아 볼 수 있다. 『시경·상송(诗经·商颂)』에는 "후계자 상토도 위세가 당당하자, 사해 밖의 모든 나라

---

22) "화이질서(华夷秩序)" : 이 개념은 미국학자 John King Fairbank(중국 이름 페이정칭[费正清])이 처음으로 제기했다. 그는 논문『조공무역과 중서관계(朝贡贸易与中西关系)』,『중국의 국제질서: 중국의 전통 대외관계(中国的国际秩序:中国传统的对外关系)』등에서 이 개념을 언급하고 논술했다. "화하질서(华夏秩序)", "천조예치체계(天朝礼治体系)"는 말레이시아 학자 황즈롄(黃枝连)이 정의한 것으로 그의 저작『천조예치 체계 연구: 아시아의 화하질서-중국과 아시아국가의 관계 형태론(天朝礼治体系研究:亚洲的华夏秩序-中国与亚洲国家关系形态论)』에서 이를 상세하게 논술했다.

가 무릎을 꿇었다.(相土烈烈, 海外有截)"라는 구절이 있다. 정현(郑玄)은 이를 "사해 밖에서도 복종한다"고 해석했다. 『상서대전(尚书大传)』권5에는 이렇게 기록했다. "교지(交趾)[23] 남쪽에는 월상국(越裳国)이 있다. 주성왕(周成王) 시기에 월상 씨는 백치(白雉, 깃털의 빛깔이 흰색인 꿩—역자 주)를 가져와 바쳤다." 학자들은 월상 씨는 지금의 베트남 중부 일대라고 고증했다. 비록 『상서대전』이 완성된 시기를 정확하게 확인할 수는 없기에 이 내용의 진실 여부에는 의문이 있지만, 이 글은 동남아시아 국가사절단이 중국을 방문한 최초의 기록이다. 한나라(汉朝)의 역사서적에서 이런 왕래에 관련된 내용을 적지 않게 찾아볼 수가 있다. 예를 들면 『후한서·남이서남이열전(后汉书·南夷西南夷列传)』에는 이런 내용이 있다. "영원(永元) 6년, 군(郡) 변경 밖의 돈인을 (敦忍乙, 지금의 미얀마 서부—역자 주) 왕은 의(义)를 흠모하여 사절단을 보내 서우(犀牛)[24]와 코끼리를 바쳤다. 9년 변경 밖의 외만(外蛮)과 선국(掸国)[25] 왕은 사자(使者)를 보내 봉국(奉国)에 보물들을 보냈다. 화제(和帝)는 금인(金印)과 자수(紫绶)를 하사했다. 소군장(小君长)들 모두 인수(印绶, 인장을 매는 끈—역자 주)와 전박(钱帛, 돈과 비단)을 받았다."[26] 학자들의 고증에 따르면 선국은 미얀마가 아니면 타이일 것

---

23) 교지(交趾) : 현지 발음으로는 '코치'이다. 현재의 베트남 북부 통킹(Tonkin)으로 하노이 지방의 옛 이름이다. 12세기 경까지 중국에서 베트남 사람들이 거주하던 지역을 막연하게 부른 명칭인데, 전한(前漢)의 무제(武帝)가 남월(南越)을 멸망시켜서 교지(交趾)군을 설치한 것이 이 지명의 유래이다.

24) 서우 : 포유류 코뿔소 과에 속한 육중하고 발굽 있는 5종의 동물을 통틀어 이르는 말.

25) 선국(掸国) : 고대에 있던 국가로 오늘날 버마의 변경에 있던 나라.

26) 『후한서(后汉书)』, 제10책, 2851쪽, 베이징, 中华书局, 1965.

이라고 한다. 『동관한기(东观汉记)』에서는 이렇게 기록되어 있다. "엽조(叶调)[27]의 국왕은 승려를 사절로 경성에 보냈다. 승려들을 한(汉)에 소속된 엽조를 읍군(邑君)으로 삼고, 그들에게 자수(紫绶, 자색실로 만든 띠)를 하사했다."[28] 정부 측의 사서(史书)에 의하면 이처럼 "조공을 보내오면 책봉"을 하는 특징의 조공제도가 이때 이미 초보적으로 건립되었음을 알 수 있다.

1. 조공

조공제도가 나타나서부터 동남아시아 국가가 중국에 조공을 보내는 활동은 지속적으로 진행되었고 조공제도도 점차 완벽해졌다. 당나라에 이르러 중국과 동남아시아의 조공 왕래는 정점을 찍었다. 송나라 사람들은 이렇게 묘사했다. "당나라의 위엄은 동남으로 떨쳤고, 만이(蛮夷)들은 중국을 당(唐)이라 불렀다."[29] 당나라는 중국 봉건사회의 전성시대였고, 천가한(天可汗)의 위엄은 먼 곳에도 여전했다. "동쪽으로는 고려(高丽), 남쪽으로는 진랍(真腊),[30] 서쪽으로는 파사(波斯),[31]

---

27) 엽조(葉調) : 원명은 Yavadvipa이고, 음역하면 예포티(耶婆提)로 다른 이름으로는 Yamanadv pa(闍摩那洲) 이다. 오늘날의 인도네시아 자바섬에 위치해 있던 고대 국가.
28) 『东观汉记』
29) 『萍洲可谈』
30) 첸라(真腊) : 관련 사료가 없어 국명의 유래가 불분명하나, 첸라는 초기에 부남의 속국이었으나, 차츰 강대해져 7세기에는 역으로 부남을 병합하였다.
31) 파사(波斯) : 페르시아를 말하는데, 지금의 이란이다.

토번(吐蕃)[32], 견곤(堅昆)[33], 북쪽으로는 돌궐(突厥), 거란(契丹), 말갈(靺鞨)에 이르렀다."[34] 이처럼 많은 나라에서 조공을 하는 성황이 펼쳐졌다. 당나라 정권도 조공을 매우 중시했으며, 조공제도도 규범화 되었다. 당나라시기에는 전문적으로 조공을 관리하는 기구인 홍려사(鴻臚寺)를 설치했으며, 조공하러 온 사절단을 접견하는 업무를 맡는 주객낭중(主客郎中)과 사절들의 '초상도(肖像圖)'를 그리는 병부(兵部)의 직방낭중(職方郎中)이 있었다.[35] 조공을 바치러 온 사절단이 국경을 넘은 시각부터 조공품목을 알리고, 조공 물품을 제출하고, 역참에 전달하는 등에 관련 법률규정이 있다. 예를 들면 출입국에 관련된 규정이 있었는데, 내용은 이러했다.

> "서번(西蕃) 여러 나라에서 당으로 오는 사절은 동어(銅鱼)
> 가 있어야 한다. 동어는 암컷과 수컷 각각 12마리가 있는
> 12쌍으로 나라의 이름이 적혀 있다. 12쌍의 동어 중 수컷

---

32) 투르번(吐蕃) : 당송시대 티베트족을 이르던 말.
33) 견곤(堅昆) : '키르기스족(柯尔克孜族)'을 말하는데, 키르기스족(柯尔克孜族)은 중앙아시아 키르기스탄의 주 민족으로 중국에는 약 16만여 명이 거주하고 있으며, 주요 거주지는 신장위구르자치구 서부의 커즈러쑤키르기스자치주(克孜勒苏柯尔克孜自治州)이다. 사마천의『사기(史记)』에서는 이들 민족을 격곤(鬲昆)으로 칭했고, 한나라 시대에는 견곤(堅昆), 위진남북조에서부터 수나라 시대에는 결골(结骨), 계골(契骨), 흘골(纥骨), 호골(护骨) 등으로 불려왔다.
34) 『新唐书·西域传赞』.
35) 『新唐书·职官志』: "직방낭중(職方郎中), 원외랑(员外郎) 각 1명, 이들은 지도(地图), 성황(城隍), 진수(镇戍), 봉후(烽候), 방인(防人)도로의 원근(远近)과 사이(四夷) 귀화 관련 업무를 수행한다. 도경(图经)은 주현(州县)의 증가나 폐기가 아닌 상황에서 최근 5년의 시간과 판적(版籍)을 모두 기록한다. 토번에서 손님이 오면 홍려(鸿胪)는 그 나라의 산천과 풍토를 물어 도면으로 아뢰고 직방에 전한다. 또한 조공하러 온 자들의 용모 상황, 복식을 그린다."

은 놔두고 암컷은 본국으로 가져간다. 만약 정월에 오는 사람이 첫 번째 동어를 가져오면, 여월(余月)에 허가한다. 윤월이면 그 달에 허가한다. 수컷과 암컷 오리가 서로 맞으면 예로 맞이하고 아니면 상황을 위에 고한다.("西蕃诸国通唐使処, 悉置铜鱼, 雌雄相合, 各十二只, 皆铭其国名. 第一至第十二, 雄者留在内, 雌者付本国. 如国使正月来者, 赍第一鱼, 余月准此. 闰月赍本月而已. 校其雌雄合, 乃依常礼待之; 差谬, 则推按闻奏.")[36]

정량(程粮)은 당나라 정부가 조공을 가져오는 사절단에 제공하는 필요한 식량을 말하는데 거리에 따라 달리 양을 제공한다. "속국의 사절단이 조정에 공물을 바치러 올 때면, 그들에게 차등으로 제공했다. 남천축(南天竺), 북천축(北天竺), 파사, 대식(大食)[37]등 나라의 국사에게는 6개월이 식량을 제공하고, 시리불서(尸利佛誓, 혹은 실리불서 [室利佛逝])[38], 진랍, 가릉(河陵)[39]등 국사에게는 5개월의 식량을 주고, 임읍(林邑)[40]의 국사에게는 3개월 식량을 제공한다."[41] 제2, 3등급 국가로는 시리불서 혹은 실리불서(室利佛逝)라고 하는 국가는 송대 이후에

36) 『唐会要』卷一百.
37) 대식국 : 사라센 제국. 오늘날의 이란·이라크 지역에 해당함.
38) 시리불사(室利佛逝) : 7세기 중엽 수마트라(苏门答腊) 동남부에서 일어난 해상강국으로 대승 불교를 신봉함.
39) 가릉(河陵) : 자바어로는 Karajan Kalingga이다. (又稱闍婆. 是6世紀時期的一個印度文化圈的王國. 位於今日印度尼西亞中爪哇省的北部沿海一帶)
40) 임읍 : 2세기 말엽에 지금의 베트남 남부에 참 족이 세운 나라. 인도 문화의 영향을 받아 해상 교역으로 번영하였으나, 15세기 후반에 베트남에 정복되어 17세기 말엽에 망하였다.
41) 『唐会要』卷一百, 1798쪽.

는 삼불제(三佛齐)로 불리는 지금의 수마트라 섬이고, 진랍은 캄보디아의 옛 이름이며, 가릉은 자바 섬 중부에 있고, 임읍은 베트남 중부에 있는 지역이다. 이런 기록에서 동남아시아와 당나라 간의 왕래가 매우 빈번했음을 알 수 있다. 역사자료의 기록에 따르면 당나라와 조공관계가 있는 동남아시아 국가는 30개를 넘었다고 한다. 『신당서(新唐书)』 남본(蓝本), 『책부원구(冊府元龟)』, 『구당서(旧唐书)』등 문헌에 이와 관련한 아래의 표와 같은 기록이 있다.

	국가(고대)	지리적 위치	조공 상황	비고
1	환왕(环王)	베트남 중부	무덕(武德) 6년(623년)부터 정원(贞元) 7년(791년), 총 35차.	임읍으로 불렀다가 점불로(占不劳), 점파(占婆)로도 불렸다.
2	파리(婆利)	칼리만탄	정관(贞观) 五년(631년), 환왕의 사자들과 동행했다.	마예(马礼)라고도 한다.
3	파라(婆罗)	수마트라 북부	총장(总章) 2년(669년), 사자는 환왕 사자들과 동행했다.	
4	수내(殊柰)	베트남	정관 2년(628년), 사자는 예물을 바쳤다.	
5	감당(甘棠)	수마트라	정관 9년(635년), 사자가 입조(入朝)했다.[42]	감당(甘堂), 골당(骨堂).
6	승고(僧高)	타이 동남부	정관 12년(638년)	영휘 이후에 진랍과 합병했다.
7	무령(武令)			
8	가사(迦乍)			
9	구밀(鸠密)			

---

42) 『冊府元龟』 정관 10년(636년) 2월.

	국가(고대)	지리적 위치	조공 상황	비고
10	반반(盘盘)	타이	정관 연간, 총 4차.	반반국(槃槃国) 이라고도 한다.
11	구루밀 (拘萎蜜)	미얀마	영휘(永徽) 시기에 오색의 앵무새를 바쳤다.	
12	부남 (扶南)		무덕, 정관 시기에 다시 조회하러 오면서 백두인 (白头人) 2명을 바쳤다.	진랍에 병탄 당했 다.
13	진랍	캄보디아, 라오스	영순(永淳) 원년(682년)부터 원화(元和) 9년 사 이에 16차례의 조공을 바쳤다.	길멸(吉蔑)이라고 도 하는데 원래는 부남의 속국이다.
14	참반(参半)		무덕 8년(625년) 사자가 올 때 진랍에서도 동행 했다.	부남의 속국
15	가릉	자바 섬 중부	원화 13년(818년)부디 개성(开成) 4년 (839년), 4차례 사자를 보냈다.	사파(社婆)혹은 사파(闍婆)
16	타화라 (堕和罗)		정관 23년(649년), 타화라는 상아, 화주(火珠)를 바쳤고 좋은 말을 요구했으며 조정은 이를 윤허 했다.	
17	담릉 (昙陵)	미얀마, 타이 접경지대	정관 시기에 사자가 조회하러 들어 올 때에 파율 고(婆律膏)와 머리에 열 개의 붉은 깃이 날개쪽 으로 뻗어 있는 백앵무(白鹦鹉)를 바쳤다. 말과 동종(铜钟)을 구걸하자 황제는 이를 윤허했다.	타화라의 속국
18	다원 (陀洹)			
19	구파등 (堕婆登)	수마트라 혹은 자바 섬	정관 21년(647년) 6월, 사자는 조회하러 와서 예물을 바쳤다.	
20	투화(投和)	미얀마	정관 시기 사자는 황금을 가져왔으며 방물(方物)을 바쳤다.	
21	첨박(瞻博)			
22	파안(婆岸)			
23	천지불 (千支弗)	베트남 남부	현경(显庆) 시기에 다섯 나라는 함께 사자를 보냈다.	첨파(瞻婆)라고도 한다.
24	사발약 (舍跋若)			
25	마랍(磨腊)			
26	가라사분 (哥罗舍分)			
27	수라문 (脩罗分)	타이	용삭(龙朔) 2년(662년) 5월, 지방 특산물을 바쳤다.	
28	감필(甘毕)			

29	다마장 (多摩萇)	말레이시아 혹은 타이 서남부	현경 시기에 지방 특산물을 바쳤다.	
30	실리불서	수마트라 동부	정관 18년(644년)부터 천우(天祐) 원년(904년), 7차례 조공을 바쳤다.	시리불서라고도 한 다.
31	단단(单单)	말레이시아 반도	건봉(乾封) 원년(666년), 총장(总章) 3년(670년).	단단국(丹丹国)이 라고도 한다.
32	명멸(名蔑)		용삭 초기에 사자를 보내 조회하게 했다.	
33	표(骠)	미얀마	경용(景龙) 3년(709년)부터 함통(咸通) 3년(862 년)사이에 4차례 사자를 보냈다.	고대에는 주파(朱 波)인데 돌라주(突 罗朱)로 자칭한다.
34	미신(弥臣)		정원(贞元) 20년(804년) 조공을 보냈고 미신왕 (弥臣王)의 호칭을 받았다.	표국의 속국.

역사 서적의 기록이 다 다르고 자료수집에 한계가 있기 때문에 누락된 부분들이 있을 수도 있다. 그럼에도 불구하고 동남아시아 여러 나라의 조공상황에 대해서는 어느 정도 알 수는 있다. 당나라가 시작되는 무덕 6년(623년)부터 천우(天祐) 원년(904년) 사이에 중국과 동남아시아의 조공관계는 약 3백 년 동안 당나라(618—907년)시기 전체 기간 동안 존재했다. 명나라(明朝)에 이르러 조공은 전성기에 이르렀다. 정화의 서양행 영향으로 명대의 조공 숫자는 영락(永乐)·선덕(宣德) 연간에 역사의 최고점을 찍었다. 영락 연간만 보더라도 46개의 국가와 지역에서 238차례나 바다를 통해 조공을 왔다. 그 중 일본·고려·유구(琉球)군도는 총 62차례 조공을 했고, 그 나머지는 거의가 동남아시아 국가들의 조공이었다. 발니(渤泥, 부르네이), 말라카(满剌加), 술루(Sulu-苏禄) 등 국가의 11명의 국왕은 직접 중국에 조공하러 오면

서[43] 성황을 이루었다. 그러나 16세기 서방의 식민지배자들이 동남아시아 정벌을 시작하면서 중국 왕조의 영향력은 점차 줄게 되었고, 19세기 중엽에 이르러서는 중국조차 서방의 공격 대상이 됨으로서 조공체계 또한 여지없이 무너지게 되었다.

2. 정부의 외국방문

정화가 서양으로 내려가기 전에 중국과 동남아시아와의 왕래에 관한 몇 차례의 중요한 기록이 있다. 그 중에서 3세기 동오(东吳) 정권에서 선화종사(宣化从事) 주응(朱應)과 중랑(中郎) 강태(康泰) 두 사람을 남해 여러 나라로 보낸 기록이 제일 중요하다. 이는 중국 대외교류사, 특히 중국과 동남아시아와의 관계에서 상징적 의미가 있는 중요한 사건이기 때문이다. 남해 실크로드가 개척되면서 중국과 동남아시아 여러 나라 간의 왕래는 "보편적 상황"이 되었다. 동남아시아 여러 나라에 대한 중국의 이해도 날로 깊어져 갔다. 삼국시기에 이르러 병존하는 3대 정권 중 동남에 위치한 손오(孙吳) 정권만 동남아시아 여러 나라와의 관계발전을 비교적 중시했다. 역사자료에는 동남아시아 여러 국가의 조공 기록이 남아 있다. 『고금도서집성·식화전(古今图书集成·食货典)』 권334에는 아래와 같은 부남국 관련 「오력(吳历)」의 내용을 인용했다. "황룡(黄龙) 4년(225년), 부남 등 외국 여러 나라에서

---

43) 리칭신(李庆新)의 『정화의 서양행과 조공 체계(郑和下西洋与朝贡体系)』를 참고하고 왕톈유(王天有), 수카이(徐凯) 등이 편찬한 『정화원양과 세계 문명(郑和远航与世界文明)』, 237쪽, 베이징, 北京大学出版社, 2005년의 내용을 참고.

는 유리(琉璃)를 선물했다." 또한 『태평어람(太平御览)』 권808 「오력」에는 "황룡(黄龙) 연간에 부남의 여러 나라가 유리를 바쳤다."[44]는 내용이 있다. 당시 동오(东吴)의 군주인 손권(孙权)은 해외 탐방에 큰 노력을 보였으며 "황룡 2년에는 장군 위온(卫温)·제갈직(诸葛直)에게 갑사(甲士) 만 명을 거느리고 배를 띄워 이주(夷洲)와 단두(亶洲)에 가라고 했다."[45] 동오의 조선술도 크게 발전했기에 주(응)·강(태) 두 사람이 바다로 나갈 수 있는 조건이 마련될 수 있었던 것이다.

학술계에서는 주·강 두 사람이 외국방문을 한 구체적 시간에 대해 의논이 분분하다. 주·강 두 사람이 남해 여러 나라를 방문한 상황은 정부에서 주관하여 편찬한 역사서에서 찾아 볼 수 있다. 『삼국지(三国志)』의 기록은 분명하지 않으나, 「여대전(吕岱传)」에는 이런 내용이 있다. "종사를 재차 남쪽에 보내 교화를 진행해 나라 밖의 부남·임읍·당명의 여러 왕들이 사자를 보내 공물을 바쳤다.(又遣从事南宣国化, 暨徼外扶南, 林邑, 堂明诸王, 各遣使奉贡.)"[46] 여기에서는 주·강이 외국에 사절로 가게 된 것은 여대(吕岱)의 공로라고 했다. 『양서(梁书)』에는 이를 상세하게 적은 곳이 세 군데가 있다. 그중 "해남제국전(海南诸国传)"에는 이렇게 적혀있다. "해남제국은 대체적으로 교주(交州) 남쪽 및 서남 대해주(大海洲)에 있으며, 가까운 곳은 3~5천 리, 먼 곳은

---

44) [프랑스]백희화(伯希和·폴 펠리오의 중국명): 『부남고(扶南考)』 의 내용은 인용, 『서역남해사지 고증역총7편(西域南海史地考证译丛七编)』, (98-105쪽, 베이징, 中华书局, 1957)에서 인용함.

45) 『三国志·孙权传』 지금 학자들의 고증에 의하면 '이주' 는 지금의 타이완이고, '단주' 는 지금의 일본이다.

46) 『三国志』

2~3만 리 떨어져 있는데, 서쪽은 서역 여러 나라와 인접해 있다.···오손(吳孫)이 집권하던 시기에 선화종사(宣化从事) 주응·중랑 강태를 파견했다. 그 과정에 들은 소문으로는 백 수십 개의 나라가 있다고 하기에 특히 역사 전기로 남긴다."[47] 또한 「부남전(扶南传)」에는 이런 내용이 있다. "오(吳)나라 시기에 중랑 강태와 선화종사 주응을 보내 여러 나라들을 찾았다. 지역 사람들은 모두 벗고 있었으며 부녀들만 관두(贯头)를 입었다. 강태와, 주응은 '나라는 괜찮았으나 사람들이 음란하리만큼 옷을 입지 않는 것이 괴이했다'고 했다. 그 후로 몸을 가리게 했다." 세 번째로 「천축전(天竺传)」에는 이런 내용이 있다. "오(吳)시기에 부남 왕 범전(范旃)은 소물(苏物)을 사절로 보냈다.···진(陈)·송(宋) 등 두 사람은 말 네 마리를 가지고 길을 떠나 4년 만에 월지(月支)[48]에 도착했다. 그 후 오나라에서는 중랑 강태를 부남에 보냈는데, 그들은 진·송 등을 만나 구체적으로 천축의 풍속을 물었다.···" 후세 학자들은 이런 자료를 정리하면서 주·강의 외국방문에 각자의 견해를 가지게 되었다. 지금 비교적 주류라고 할 수 있는 것은 학자 천셴쓰(陈显泗)의 견해이다. 그는 캄보디아 역사 관련 주요 저작인『캄보디아 이천년사(柬埔寨两千年史)』에서 주·강의 외국방문 시간은 244~252년 사이일 것이라고 주장했다.[49] 이 주장은 주로『양서(梁书)』의 기록을 참고참

47) 『梁书』
48) 월지 : 한자로는 月氏 또는 月支라고도 쓰는데, 타림 분지에서 동서 무역을 독점하던 종족이다. 고대 인도유럽어족인 토하라인의 일파로 추정되는데, 흉노에게 멸망한 후 서쪽으로 간 세력을 대월지(大月氏)라고 하고, 남아 있던 부족을 소월지(小月氏)라 불렀다.
49) 陈显泗『柬埔寨二千年史』, 140쪽, 정저우(郑州), 中州古籍出版社, 1990년.

고했으며, 주·강 두 사람의 외국방문 시간은 부남 왕 범심(范寻)의 재위기간이라고 했다. 그러나 범전(范旃)이 243년에 범장(范长)의 병변으로 사망했으므로 주·강의 방문시기는 243년 이전은 아닐 것으로 보인다. 「천축전(天竺传)」에 따르면 범전이 소물(苏物)을 천축에 파견했는데, 소물은 1년 만에 천축에 도착 했고, 천축왕은 즉시 사자를 부남에 파견했는데 4년 만에 간신히 부남에 도착했다고 한다. 그리고 사자들은 당시 부남에 있던 주·강을 만나 대화를 나누었다고 했다. 더구나 주·강 두 사람은 손권(孙权)이 파견했으며, 손권은 252년에 사망했으므로 주·강의 외국방문은 252년보다는 늦지 않았을 것으로 추정된다. 주·강 두 사람의 방문은 캄보디아에 매우 큰 영향을 미쳤다. 범심 통치하의 부남은 이 시기에 "모두 나체"로 생활하는 몽매한 상황이었다. 바로 주·강 두 사람의 건의가 있었기에 부남의 남자들은 천으로 만든 옷을 입게 되었고, 문명이 한걸음 진보될 수 있었다. 귀국한 주·강 두 사람은 『부남이물지(扶南异物志)』와 『오시외국전(吴时外国传)』 두 중요한 저작을 완성했다. 그 중에서 『부남이물지』는 당나라에 이르러 실종되었고, 몇 개의 중요한 관청의 역사서적에 기술되어 있어 주·강 두 사람이 존재했던 흔적을 찾을 수 있었다. 『오시외국전(吴时外国传)』의 일부 내용은 기타 역사 서적의 인용부분을 통해 이해할 수 있다. 『태평어람(太平御览)』은 『오시외국전(吴时外国传)』의 내용을 제일 많이 인용한 현존하는 서적이다. 오늘날의 학자들은 이 내용들을 기초로 하여 『오시외국전(吴时外国传)』의 내용을 대체적으로 유추해냈다. 현존의 『오시외국전』에는 일남(日南), 파료(波辽), 굴도간(屈都干) 등 35

개 나라의 지리, 교통, 무역, 인구 등 관련 상황이 기록되어 있는데, 그 중에는 부남 관련 기록이 제일 많았다. 부남 관련 내용에는 정치, 법률, 인문역사 등 전면적이고 풍부한 내용들이 포함되어 있다. 『오시외국전』에는 부남의 소송법에 관한 기록이 있는데, 재판 수단이 잔인하고 그 방법이 다양하다고 적혀 있다. 또한 국내 반대자에 대해서는 "원한이 조금이라도 있으면 묶어서 악어에게 먹이로 주고" "죽일 죄라면 즉시 악어에게 먹이는데 만약 악어가 잡아먹지 않으면 무죄를 선고하여 풀어 주었다"고 했다.[50] 집안사람이나 노복이 기물을 훔쳤다고 의심하면 이렇게 했다고 한다. "쌀 한 되를 가지고 신묘(神廟)에 가서 도둑이 누구인지 알려 달라고 빈다. 쌀을 신전에 놓고 이튿날 가져다가는 노비에게 씹으라고 한다. 도둑은 입에서 피가 나더라도 쌀이 부서지지 않으나 도둑이 아닌 사람은 잘 씹힌다." 다른 방법으로는 "금반지를 달걀 삶는 물에 넣는다. 뜨거워 적색으로 변한 금반지를 손에 들고 일곱 걸음을 걷는데, 죄가 있는 자는 손이 타들어가게 되고 죄가 없는 자는 상처가 없다"[51] 등이 있다. 이런 상황은 당시 부남 사법이 여전히 낙후한 신명(神明, 하늘과 땅의 신령)재판의 단계에 있었다는 것을 알려준다. 오늘날에도 『오시외국전(吳時外国传)』은 여전히 캄보디아 고대사를 연구하는 중요한 자료의 하나이다. 주·강 두 사람의 외국방문은 중국과 부남 양국 우호관계의 지속발전을 촉진시켰다. 그 후 265년부터 287년까지 부남은 다섯 차례나 사신을 보

50) [宋]李昉: 『太平御览』, 제8책, 513쪽, 스자좡(石家庄), 河北教育出版社, 1994.
51) [宋]李昉: 『太平御览』, 제7책, 326~327쪽, 스자좡, 河北教育出版社, 1994.

내 동오(东吴)를 방문했다. 부남 이후에는 진랍이 발전하기 시작했다. 같은 시기 중국도 성당(盛唐)시대에 들어섰다. 진랍에서는 중국에 사신을 보냈는데 주로 정치적으로 중요한 인물인 국왕이나 왕자가 사신으로 왔다. 그들은 중국에 거주하면서 학습하고 중국 관리들과 왕래하고 대화하면서 중국의 풍물제도를 직관적으로 인식하게 되었다. 양송(两宋) 시기에 진랍에서는 7차례 조공을 했다. 원조(元朝)에 이르러 중국과 캄보디아의 교류사에서 두 번째로 중요한 방문이 이루어졌다. 원정(元贞) 2년 즉 1296년에 원성종(元成宗)은 진랍과 인근 작은 나라들이 스스로 원나라 정권에 귀순하라고 설득하기 위해 사절단을 남해 여러 나라로 보냈다. 사절단의 흠차수원(钦使随员) 주달관(周达观)은 귀국 후『진랍풍토기(真腊风土记)』를 완성했다. 이는 진랍 동시대에 남아 있는 유일한 관련 기록이다. 이는 캄보디아 역사 연구와 중국과 동남아시아 교통 역사 연구에 중요한 의미가 있다. 『원사(元史)』에는 주달관에 관한 내용이 없기에 그의 사적을 고증할 수는 없다. 『사고전서총목제요(四库全书总目提要)』에는 "달관, 온주인(温州人)"이라는 구절이 있고, 청조의 오익봉(吴翌凤)의 친필본『진랍풍토기·발(真腊风土记·跋)』에는 "달관은 건관(建观)이라고도 하며, 원나라 사람으로 자는 초정(草庭)이고, 호는 일민(逸民)이다. 그의 표자(表字, 본명 이외 정식으로 대신 칭하는 이름−역자 주)와 관작(官爵)은 자세히 알 수가 없다."[52] 그가 소속된 사절단은 원정 2년(1296년) 2월에 온주(温州)항에서 출발하여 도중에 여러 도시를 거쳐 7월에 오가왕도(吴哥王都)에 도

---

52) 段立生 :『关于〈真腊风土记〉作者周达观』, 『学术研究』, 1985 (1).

착했다. 진랍에 11개월을 머문 후 대덕(大德) 원년(1297년) 6월에 귀항했다. 진랍에 머무는 동안에 주달관은 여러 곳을 돌아 다녔다. 그는 진랍 각 지역을 다니면서 풍토와 민정, 법령과 제도, 의관과 역법 등을 상세하게 고찰했다. 귀국 후 그는 『진랍풍토기』를 완성했다. 8,500자로 된 이 책은 총서(总叙)와 40개의 분칙(分则)으로 구성되었다. 분칙으로는 "성곽(城郭), 궁실(宫室), 복식(服饰), 관속(官属), 삼교(三教), 인물(人物), 산부(产妇), 실녀(室女), 노비(奴婢), 언어(语言), 야인(野人), 문자(文字), 정삭시서(正朔时序), 쟁송(争讼), 병라(病癞), 사망(死亡), 경종(耕种), 산천(山川), 출산(出产), 무역(贸易), 욕득당화(欲得唐货), 초목(草木), 비조(飞鸟), 주수(走兽), 소채(蔬菜), 어룡(鱼龙), 온양(酝酿), 염초장면(盐醋酱面), 잠상(蚕桑), 기용(器用), 차교(车轿), 주즙(舟楫), 속군(属郡), 촌락(村落), 취담(取胆), 이사(异事), 조욕(澡浴), 유우(流寓), 군마(军马), 국주출입(国主出入)"이 있는데 진랍의 정치·경제와 사회생활의 모든 방면을 망라하고 있다고 할 수 있다.

명대에 이르러 중국과 진랍의 관계는 더욱 밀접해졌다. 명대에만 열 번 남짓(10번, 12번이라는 두 가지 설이 있다.) 진랍에 사절단을 보냈으며 진랍에서 명나라로 오는 사자들은 더욱 많았다. 홍무(洪武) 영락시절에 모두 21차례나 사절단을 보냈다.(홍무 연간에는 13번, 영락 연간에는 8번)[53] 정화가 서양에 내려갈 때에 정화는 진랍을 두 번

---

53) 홍무 연간에 진랍에서 사절단은 보낸 연도는 홍무 4년(1371년), 6년, 10년, 12년, 13년, 16년, 20년 (2차), 21년, 22년(3차), 23년, 총 13번이고 영락 시기에는 영락 2년(1404년), 3년, 4년(2차), 6년, 12년, 15년, 17년에 총 8차례 사절단을 보냈다. 그 후의 선덕(宣德), 정통(正统), 경태(景泰) 등 시기에도 사절단이 관련 기록이 있다.

째로 들렀다. 처음으로 들린 곳은 점성(占城)[54]이었다. 오늘날에도 캄보디아에는 정화를 모시는 삼보공묘(三保公廟)가 있다. 정화와 동행한 비신(費信)의 『성사승람(星槎胜览)』에는 진랍의 산천과 물산과 풍토·인정이 상세하게 묘사되어 있다. 이 책은 이후 학자들이 캄보디아 역사를 연구하는 중요한 자료가 되었다. 중국과 동남아시아의 정부 측 왕래 과정에서 "정화의 서양 행"은 제일 중요한 활동이다. 정화는 여러 차례 서양으로 내려갔는데 그 규모가 엄청났으며 거리도 제일 멀었고 영향도 제일 컸다. 명대의 영락 3년(1405년)에 처음으로 출항한 정화의 함대는 선덕 8년(1433년)까지 28년 사이에 7차례나 남양으로 내려갔다. 정화는 함대를 이끌고 남양·인도양을 거쳐 홍해 부근까지 갔다. 이는 세계 항해사와 문화교류사상 기념비적인 사건이었다. 방문한 시간과 도달한 국가는 아래의 표에서 확인할 수 있다. 정화는 일곱 차례 서양으로 내려갔고 그 과정에서 30여 개 나라에 들렀었다.

그 중에서 동남아시아는 항해의 주요 지역이었다. 정화의 서양 행은 동남아 이상의 지역에서 중국의 위엄을 전파했으며, 명나라가 그 시대의 동아시아·동남아시아의 범위에서 유아독존의 지위를 수립하도록 했다. 외교활동은 중국과 동남아시아의 전면 교류를 촉진시켰고, 중화의 풍토문화를 해외에 전파하도록 했다. 중국과 동남아시아 관계사 상 정화의 서양 출항의 주요작용은 아래 네 가지로 요약될 수

---

54) 점성(占城) : 참파(Champa, 占婆)라고도 하는데, 인도차이나반도 남동부의 참족의 왕국으로 2세기 말에 중국의 통치에 저항하여 건국되었다고 한다. 중국에서는 원래 임읍(林邑)이라고 불렀으나, 당나라 말기부터 점성이라고 부르게 되었다.

있다. 첫째, 중국과 동남아시아 여러 나라간의 연락을 강화했으며, 그들 지역에 중국의 좋은 이미지를 수립하게 하였다. 정화는 위세 당당히 일곱 차례나 서양으로 출항했다.

횟수	시간	방문한 국가
제1차	영락 3년 (1405년)	점성, 자바 섬, 구항(旧港), 수마트라, 말라카(満剌加), 석란(锡兰), 고리(古里) 등.
제2차	영락 5년 (1407년)	고리, 말라카, 수마트라, 아루(阿鲁), 가이륵(加异勒), 자바 섬, 시암(暹罗), 점성, 코치(柯枝), 아발파단(阿拔把丹), 소가란(小柯兰), 남무리(南巫里), 감파리(甘巴里) 등.
제3차	영락 7년 (1409년)	점성, 빈동룡(宾童龙), 진랍, 시암, 가리마정(假里马丁), 교란산(交阑山), 자바 섬, 중가라(重迦罗), 길리민지(吉里闷地), 고리, 만라가, 파항(彭亨), 동서축(东西竺), 용아가막(龙牙迦邈), 담양(淡洋), 수마트라, 화면(花面), 용연서(龙涎屿), 취란섬(翠兰屿), 아루(阿鲁), 석란(锡兰), 소갈란(小葛兰), 코치(柯枝), 방갈라(榜葛剌), 브라바(卜剌哇), 족보(竹步), 목골도속(木骨都束), 술루 등.
제4차	영락 11년 (1413년)	말라카(满剌加), 자바 섬, 점성, 수마트라, 코치(柯枝), 고리, 남발리(南渤里), 파항(彭亨), 클란탄(吉兰丹), 가이륵(加异勒), 물로모사(勿鲁谟斯), 비륵(比剌), 류산(溜山), 손라(孙剌) 등.
제5차	영락 15년 (1417년)	고리, 자바 섬, 말라카, 점성, 석란산(锡兰山), 목골도속(木骨都束), 류산(溜山), 남발리(喃渤里), 브라바(卜剌哇), 수마트라, 마림(麻林), 랄살(剌撒), 호르무즈(忽鲁谟斯), 코치(柯枝), 남무리(南巫里), 사리만니(沙里湾泥), 파항(彭亨), 구항.
제6차	영락 19년 (1421년)	점성, 시암, 호르무즈(忽鲁谟斯), 아단(阿丹), 조법아(祖法儿), 자살(剌撒), 부자바(不剌哇), 목골도속(木骨都束), 족보(竹步)(지금 소말리아 Jubba River), 마림(麻林), 고리, 코치(柯枝), 가이륵(加异勒), 석란산(锡兰山), 류산(溜山), 남무리(南巫里), 수마트라, 아루(阿鲁), 말라카, 감파리(甘巴里), 만팔사(幔八萨).
제7차	선덕 5년 (1430년)	점성, 자바 섬, 구항, 말라카(满剌加), 수마트라, 석란산(锡兰山), 고리국(古里国), 호르무즈(忽鲁谟斯). 선덕 8년(1433년) 4월 초, 정화는 병으로 고리에서 생을 마쳤다.

매번 선박 200여 척과 2만여 명을 거느리고 출항한 정화는 당시의 명나라의 강대한 국력을 남김없이 과시했다. 동남아시아의 여러 나라 통치자들은 "소문을 듣고 바쁘게 움직였다." 그리하여 중국과 동남아시아의 왕래는 절정에 달하게 되었다. 화예(华裔, 화인의 후예) 학자 왕껑우(王赓武)가 정리한 내용에 따르면, 영락 연간(1402—1426년)에만 6차례 서양으로 갔으며, 그 기간에 동남아시아의 비교적 큰 7개 나라와 중국 간의 사절단 왕래 횟수는 백번이 넘었다.[55] 이는 여느 조대의 왕래 횟수보다 훨씬 많은 숫자였다. 심지어 여러 나라의 사절단은 정화보선(郑和宝船)을 이용하기도 했다. 정화가 다섯 번째로 서양으로 갔을 때, 동남아시아 각국 사절단과 구항(旧港−지금의 팔렘방) 선위사(宣慰使)의 귀국을 호송하는 임무를 맡았다. 정화 함대의 전투력은 매우 강해 해적들을 소탕하고, 동남아시아 국가 간의 분쟁을 조정하는 일에 참여해 동남아시아의 평화 유지에 기여했다. 이런 역할은 명조의 명성을 이끌어냈다. 이러한 역할은 오늘날에도 정화가 동남아시아 사람들의 숭배를 받는 신과 같은 존재가 되게 하였다.

1402—1424년	점성	진랍	시암	자바 섬	발니	말라카	수마트라
중국 사절단	14	3	11	9	3	11	11
외국 사절단	18	7	21	17	9	12	11

王赓武 : 『东南亚与华人———王赓武教授论文选集』, 34쪽, 베이징, 中国友谊出版公司, 1986.

---

55) 영락 시기 중국과 동남아시아 여러 나라 사절단과의 왕래 표 참조.

정화가 머물렀던 몇 개의 동남아시아 국가에는 아직도 정화묘(鄭和庙)가 남아 있다.[56] 14개 정화묘 중에서 일부는 15세기 정화가 서양으로 내려갔을 때에 만들어진 것도 있고 그 후 몇 세기가 지나 지어진 것도 있으며, 심지어 21세기에 현지인들이 건설한 것도 있으며, 화인

---

56) 동남아시아에 현존하는 정화묘:

번호	소재국가	정화묘우 주소	비고
1	인도네시아	세마랑(Semarang)의 삼보묘(三保庙)	1450─1475년 사이에 건설
2		수라비야(Surabaya) 삼보묘	약 17세기 말, 18세기 초에 건설
3		자카르타 안줘얼(安卓尔) 지역의 산보취사묘(三保厨师庙)	1450─1475년 사이에 건설
4		치르본(井立汶)의 웨이러쓰(威勒斯)·아첸(阿茜)묘	
5		발리 바뚜루춘의 삼보취사묘(三保厨师庙)	
6		수라비야의 정화 이슬람 사원	2002년에 건설
7	말레이시아	말라카의 보산정(宝山亭)	1795년에 건설
8		페낭(Penang) 바두마오(巴都茅)의 삼보궁(三保宫)	1995년에 건설
9		테렝가누의 뉘라이촌(诺来村)의 산보공묘	1872─1875년 사이에 건설
10		사라와(Sarawak) 쿠칭(Kuching)의 삼보공묘	
11	타이	아유타야(Ayutthaya-대성-大城)의 삼보공묘	1617년 현지 화인이 재건
12		톤부리(Thonburi)의 미타사(弥陀寺)	
13	필리핀	술루의 본두공묘(本头公庙) 및 묘지	묘비는 1792년에 건설
14	캄보디아	캄퐁참(Kampong Cham) 동고성(东古城)의 삼보묘	

王天有, 徐凯 등 편 : 『郑和远航与世界文明』에 실린 孔远志 : 『再论郑和在海外的影响及其意义』, 204쪽, 베이징, 北京大学出版社, 2005.

정화가 판 우물 삼보정(三寶井).

들이 지은 것도 있다. 몇 세기를 거쳐 지속적으로 전해 내려온 정화 영향력이 얼마나 광범했는지를 알게 해준다.

둘째, 중국과 동남아시아 여러 나라 간의 경제교류를 촉진시켰다. 대외교류 방면에서 명나라 정부는 "후하게 주고 적게 받는 원칙"을 견지했기에 중국과 동남아시아 간의 무역은 기형적인 무역이었다. 경제교류는 정화의 서양 행의 "부가가치적 성과"일 뿐이라고 할 수 있다. 명 왕조는 동남아시아 여러 나라에 "물품을 하사"했다. 보내는 물품들로는 비단, 자기, 찻잎, 칠기, 농기구 등 중외에 이름난 "중국 특산품"이었고, 가져오는 물품들로는 동남아시아의 특산인 향신료, 염료, 보석 및 상아 등이었다. 이러한 왕래는 당국의 물산을 풍부하게 하는 작용을 했다.

셋째, 중국과 동남아시아 여러 나라 간의 문화교류를 촉진시켰으며, 이슬람교의 전파를 추진했다. 중국과 동남아시아의 문화교류에서

제일 전형적인 사례는 『정화항해도(鄭和航海圖)』 및 사절단 회원들의
유기(游記)이다. 『정화항해도』에는 정화가 중국 항구로부터 출발하여
30여 개 국가와 지역에 도착한 모든 항로가 그려져 있으며, 300여 개
의 해외지명이 적혀져 있다. 이 항해도는 항해사업의 발전에 중요한
공헌을 했다.[57] 사절단 단원 마환(馬歡)이 편찬한 『영애승람(瀛涯勝覽)』,
비신의 『성사승람』, 공진(鞏珍)의 『서양번국지(西洋番国志)』에는 15세기
동남아시아 여러 나라의 국가 제도, 풍토·민정이 기록되어 있다. 이
책들은 동남아시아 역사를 연구하는데 있어서 중요한 자료가 되고
있다. 만약 이 책들을 포함한 중국의 역사서적들이 없었다면 동남아
시아 고대사 연구는 완성할 수 없었을 것이다. 정화의 서양 행은 이
슬람교의 전파에 중요한 역할을 했다. 정화는 색목인(色目人)[58]의 후예
로 이슬람교는 그의 민족 신앙이었다. 인도네시아의 잡지 『정화(精华)』
에는 "정화는 그가 머물렀던 세마랑 부근에 작은 이슬람사원을 지었
다"는 전설이 기록되어 있다. 동남아시아 국가의 이슬람사원의 건축
스타일은 중국의 사당과 비슷했다. 예를 들면 자바 섬에서 제일 큰
Demak 이슬람사원은 전통적인 이슬람사원과 비슷한 스타일임을 알
수 있다.

---

57) 王天有, 徐凯等 편: 『郑和远航与世界文明』에 실린 孔远志: 『再论郑和在海外的影响及其意
义』 217쪽, 베이징, 北京大学出版社, 2005.
58) 색목인(色目人) : 중국 원나라 때, 터키, 이란, 아라비아, 중앙아시아 등 서역에서 온 외국인을
통틀어 이르던 말.

넷째, 동남아시아 화교들의 안락한 생활과 생업에 유리했다. 정화가 서양에 내려가기 이전부터 화인들은 동남아시아지역에 거주했다. 당·송시기에 장수들이 중국과 동남아시아를 왕래하기 시작했는데, 거리가 멀어 짧은 시간에 다시 돌아 올 수가 없어서 현지에 머물곤 했는데, 이를 주번(住蕃)이라고 했다. 그 후에는 장기간 동남아시아에 거주하는 화인들이 나타나기 시작했다. 『진랍풍토기』에서 주달관(周达观)은 "남아 있는 고향사람인 설(薛)씨는 이곳에서 35년을 거주하고 있다"라고 기록했다. 주달관은 1296년에 진랍에 도착했으니 35년 전이면 1261년이다. 1261년은 바로 남송(南宋)의 경정(景定) 연간(1260∼1264년)이다. 이로부터 화인들이 오랫동안 동남아시아에 거주했음을 알 수 있다. 이렇게 그 지역에 주번(住蕃)하거나 장기간 거주한 화인들에게 정화는 고국의 소식을 가져다주었다. 화인들에게 있어서 이는 여간 반가운 소식이 아닐 수 없었다. 정화가 처음 서양으로 갔을 때 현지 화교들은 고국에서 온 정화를 열렬히 환영했다.

정화의 함대는 화인 해적 진조의(陈祖义)를 궤멸시켰고, 구항(旧港)에서 선위사제도(宣慰使制度)를 실행해 현지 화인들을 관리했다. 구항(旧港)의 화인 우두머리인 시진경(施进卿)은 첫 화인 선위사로 임명되었다. 그 후 화인 선위사는 함대와 함께 귀국하여 성조(成祖)를 알현했으며, 정화가 5번째로 서양으로 내려갈 때는 구항으로 돌아갔다. 화인 우두머리는 명 왕조에 이르러서도 조정의 인정을 받았다. 이는 현지 화인사회의 응집력을 강화시켰으며, 화인들은 강대한 조국에 의지해 동남아시아 여러 나라의 정권에서 요직을 맡았다. 화인들의 지

위는 점차 제고되었다. 정화가 서양으로 내려가면서 동남아시아와의
항로를 개척했다. 이는 이후 화인들이 대대적으로 남양으로 내려갈
수 있는 기초가 되었다.

삼보묘 앞에 세워진 정화 석상.

제3절

민간의 왕래

중국과 동남아시아의 정부 간 왕래와 마찬가지로 중국과 동남아시아 간의 민간 왕래도 예전부터 지금까지 종래 중단된 적이 없었다. 중국과 동남아시아 간의 민간의 왕래는 심지어 정부 측 왕래역사보다 더 오랜 역사를 가지고 있었다. 춘추전국(春秋战国)시기에 촉신독도(蜀身毒道)가 개척된 후로 상대(商队)·승려·평민들은 중국과 동남아시아의 바닷길과 육지의 길을 연결해 주었다. 상업적인 교류 외에도 종교교류도 중국과 동남아시아 교류의 중요한 구성 부분이었다. 동남아시아 승려들의 방문은 중국불교의 발전에 중요한 작용을 했다. 명나라 말기 청나라 초기에 화인들이 대대적으로 남양으로 내려갔는데, 이는 두 지역 민간교류사의 중요한 부분이었다.

1. 종교교류

유석도(儒释道, 유·불·도) 세 종교가 함께 존재한 것은 중국 전통문화의 주요 특색이다. 동한(东汉)시기에 불교가 중국에 전파되기 시작한 후로 불교는 중국문화에서 중요한 역할을 했다. 또한 불교가 부단히 현지화 되는 과정에서 중국 인민의 주요 신앙의 하나로 자리를 잡았다. 불교는 중국을 통해 일본·조선 등 여러 나라로 전파되어 동아시아지역에서 중요한 영향력을 가진 종교로 발전했다. 이와 비교했을 때, 불교는 여러 동남아시아의 중요한 종교 신앙의 하나로 불교교류는 중국과 동남아시아 종교교류의 중심내용이 되었다.

　중국과 동남아시아 간의 종교 종사자들은 서로 왕래했다. 동남아시아 승려들이 중국으로 오는 목적은 불교를 전파하기 위함이었고, 중국의 승려들이 바다를 통해 동남아시아로 가게 된 원인은 동남아시아지역이 불교의 발원지인 인도를 가기 위해서는 반드시 지나야 하는 지역이었기 때문이다. 중국 승려들이 인도에 경을 구하러 가는 노중에 여러 가지 원인으로 동남아시아 지역에 남았거나 동남아시아지역에서 사망한 승려들이 적지 않았다. 동한(东汉) 영제(灵帝) 말년(188년)에 도교와 불교를 모두 겸용한 저명한 학자 모융(牟融)은 교지(交趾)에 피거(避居)해 있으면서 일심으로 부처를 모셨다. 모융은『이혹론(理惑论)』37편을 완성했다.[59] 양조(梁朝)의 승려 석혜교(释慧皎)의『고승전(高僧传)』에도 관련 내용이 기록되어 있다. "진대(晋代)의 고승 어법란(于法兰)은 천축으로 불경을 구하러 가던 도중 병으로 교주(交州, 베트남 북부)에서 입적했으며, 북제(北齐)시기의 승려담홍(昙弘)은 교지(交趾)[60] 신산사(仙山寺)에 남았다." 그 후로 당조의 승 불공금강(不空金刚)은 자바 섬에서 금강지(金刚智)를 스승으로 모셨다. 금강지는 천축의 승려로 남천축(南天竺)에서 중국으로 불경을 전파하러 보낸 승려였다.

59)　교지(交趾) : 기록에서는 북하(北河), 북하국(北河國)으로 불렸다. 중국에서는 교지국(交趾國), 일본에서는 동경국(東京國), 유럽에서는 통킹 왕국으로 불렸다.

60)　『南洋问题研究』에 수록된 聂德宁:『魏晋南北朝时期中国与东南亚的佛教文化交流』, 2001.

그는 8세기 초에 파사(페르시아)의 상선을 타고 실리불서에 도착했다. 마침 자바 섬으로 유학온 불공금강은 금강지를 모시게 되었고, 719년에 귀국했다. 금강지와 불공금강은 중국 불교 밀종(密宗)의 창시자로 선무외(善无畏)와 함께 "개원 3대사"로 불리는 저명한 불경 번역가이다. 중국이 인도로 경을 얻으러 가게된 것은 삼국시기부터였다. 최초로 서행구법(西行求法)운동은 아마도 조위(曹魏) 말년 주사행(朱士行)이 일으킨 것으로 보고 있다.[61] 그 후 서진(西晋)의 축법호(竺法护),[62] 동진(东晋) 초년의 강법랑(康法朗)[63]과 어법란(于法兰),[64] 동진 중기 이후에는 축불념(竺佛念), 혜상(慧常), 진행(进行), 혜변(慧辩), 혜예(慧睿), 지법령(支法领), 지엄(智严), 지맹(智猛), 법현(法显), 보운(宝云), 법용(法勇), 법정(法净), 담맹(昙猛), 저거경성(沮渠京声), 도태(道泰) 등 수십 명이 경법을 구하러 서역으로 갔다. 그 중에서 후세에 비교적 큰 영향력을 미친 사람은 동진 법현의 서행이었다. 『법현전(法显传)』에는 그의 경력이 비교적 명백하게 기록되어 있다. 법현은 10명의 '동학(同学)'들과 함께 떠나 육로를 통해 여러 곳을 거쳐 인도 동부에 도착했으나 그와 다른 한 승려 도정(道整)만이 '불국(佛国)'에 도착했다. 도정은 인도에 남았지만, 법현은 바다를 통해 중국으로 돌아왔다. 돌아오는 도중에 사자국(师子国, 스리랑카)에 2년간 머물렀다. 그는 15년의 시간을 들여

---

61) 법호 팔계(八戒), 첫 계도승(戒度僧). 260년에 인도로 불법을 구하러 갔다. 어진(于阗)에서 『대품경(大品经)』 범본(梵本)을 얻은 후, 어진에 남았다.
62) 담마나찰(昙摩罗刹)이라고도 하는데 진무제(晋武帝) 시기에 사부와 함께 서역의 여러 나라들을 방문했다. 『梁高僧传』, 33쪽, 베이징, 中华书局, 1992.
63) 중산(中山) 인, 영가(永嘉) 시기에 천축으로 경법(經法)을 구하러 갔다.
64) 고양(高阳) 인, 서역으로 경법(經法)을 구하러 가는 도중에 죽었다.

광주(广州)를 거쳐 건강(建康)에 도착했다. 그의 경력을 적은 『법현전(法显传)』은 중국 외교통사의 중요한 연구 자료가 되었다. 법현이 서역에 갔다 온 후, 북연(北燕)시기의 승려 담무갈(昙无竭)은 승맹(僧猛), 담랑(昙朗) 외 25명을 거느리고 법현과 비슷한 경로를 통해 육로로 서역을 거쳐 중인도의 사위국(舍卫国)에 도착해 불경을 얻었다. 그 후 상선을 타고 해상으로 광주항(广州港)에 도착했다. 당나라시기 해상교통이 더욱 발전하였다. 중국의 고승 의정(义净)은 인도로 경을 구하러 갔는데 그는 해상교통을 이용했다. 그는 당고종(唐高宗)의 함흥(咸亨) 2년(671년)에 출발하여 당시 불교의 주요 도시인 진거항(镇巨港)을 거쳐 실리불서 국왕의 도움을 받아 그곳에 6개월간 머물러 있었으며, 돌아 올 때에도 실리불서에서 2년간 머무르면서 경문을 번역했다. 영창(永昌) 원년(689년)에 그는 상선을 타고 광주(广州)로 돌아왔다. 그해 11월에 다시 실리불서로 갔으며, 그 곳에서 무주(武周) 증성(证圣) 원년(695년)까지 제자 정고(贞固)와 함께 실리불서를 떠나 귀국했다. 그의 저작 『남해기귀납법전(南海寄归内法传)』도 실리불서에서 완성했다.

중국에 와서 경을 전파한 동남아시아 승려들도 적지 않았다. 남제(南齐) 영명(永明) 2년(484년) 부남 사문(沙门)의 승가파라(僧迦婆罗)는 조공을 오는 부남 함대를 따라 중국으로 건너왔다. 그는 건강(建康)의 정관사(正观寺)에 안거하도록 배려되었다. 『고승전(高僧传)』, 『속고승전(续高僧传)』은 모두 그의 평생 및 중국에서의 불경 전도생활을 묘사한 책이다. 승가파라(僧迦婆罗)의 중문 이름은 승양(僧养 혹은 승개[僧铠], 중개[众铠])으로 어린 시절에 출가해 천축에서 구나발타라(求那跋

陀罗)를 스승으로 모시고 불법을 공부했다. 중국에 오기 전에 이미 동남아시아 여러 나라에서 비교적 높은 덕망을 가지고 있는 저명한 불경 번역가였다. 또한 천감(天监) 2년(503년)에 중국에 온 부남 승려인 만타라선(曼陀罗仙)과 함께 『아육왕경(阿育王经)』, 『공작왕타라니경(孔雀王陀罗尼经)』, 『문수사리문경(文殊师利问经)』, 『도일체제불경제지엄경(度一切诸佛境界智严经)』, 『보살잠경(菩萨藏经)』, 『해탈도론(解脱道论)』, 『아육왕전(阿育王传)』 등 11권의 경서를 번역했다. 그들이 번역한 불경은 지금까지 전해내려 오고 있으며, 중국불교의 발전에 중대한 공헌을 했다.

2. 화인들이 남양으로 가다.

춘추전국(春秋战国)시기부터 중국은 동남아시아 지역에 관여하기 시작했다. 기원전 384년부터 기원전 381년까지 초나라(楚国) 장군 오기(吴起)는 남월(南越)을 다스렸다. 진나라가 중국을 통일한 후, 시황제(始皇帝)는 20만 명의 진나라 백성을 남월로 이주시켰고, 베트남 중부 지역에 상군(象郡)을 설립하게 되면서 중국의 동남아시아 이민역사가 시작되었다. 상인, 선원, 난민, 노예 등 각양각색의 중국인들이 몰려들었다. "해가 지나도 돌아가지 않으니 이를 '주번(住蕃)'이라 했고", 몇 년이 지나도 돌아가지 않는 사람들은 "당인(唐人)"이 되었다. 당나라 말기에 봉기를 일으킨 황소(黄巢)는 광주(广州)를 점령했다. 동남연해 지역은 전쟁에 시달려야 했다. 전쟁을 피해 대량의 중국 이민들이 동남아시아로 몰려들었다. 아랍의 유력가(游历家) 마제소(马提素)는 그의 저작 『황금목지(黄金牧地)』에다 943년에 자신이 수마트라 동남부에서 수많은 중국 사람들이 농사일을 하는 것을 보았다고 기록했다. 특히 팔렘방에 중국 사람이 많았다고 기록했다.[65] 이러한 사실은 다음의 기사를 통해 알 수 있다.

> "당인들은 선원이었다. 이 나라 사람들은 옷을 입지 않고, 식량을 쉽게 얻을 수 있으며, 부인을 쉽게 얻고, 집을 쉽게 지을 수 있으며, 기물들을 쉽게 장만할 수 있고, 매매를 쉽게 완성할 수 있기에 이곳으로 도망 온다."[66]

이로부터 동남연해지역에 생활하는 빈곤한 노동자들이 남양으로 이주하게 된 것은 생계를 유지하기 위한 선택임을 알 수 있다. 그들은 동남아시아에 도착한 후, 수공업에 종사하거나 장사를 했다. 그들은 현지에서 가정을 이루고 자식을 낳아 키우면서 대대손손 그 곳에 거주해 현지 거주민의 일부분이 되었다. 이런 당인들은 현지에서 높은 예우를 받았다. 예를 들면 진랍에서는 관리들만 꽃무늬 천으로 만든 복장을 입을 수 있다는 습관이 있었다. 만약 평민들이 꽃무늬 천으로 된 복장을 입으면 죄로 간주했으나 당인들은 예외였다.

"당인들은 꽃무늬 천으로 된 옷을 입었지만 누구도 감히 그들의 죄를 묻지 못했다."『진랍풍토기』의 작가 주달관은 심지어 이렇게까지 묘사했다. "당인을 만나면 매우 공경했는데 마치 부처를 만난 듯 엎

---

65) 李学民, 黃昆章: 『印尼华侨史』, 19쪽, 광저우, 广东高等教育出版社, 2005.
66) 『真腊风土记』

드려 절을 했다." 심지어 현지 법률에는 당인만을 위한 조항이 있었다. 남송(南宋)시기의 진원정(陈元靓)은 그의 필기『사림광기·진랍국(事林广记·真腊国)』에 이렇게 기록했다. "번인(蕃人)이 당인을 살해하면 번의 법에 따라 사형을 집행하고, 당인이 번인을 살해했다면 거액의 벌금을 내린다. 만약 당인이 벌금을 낼 형편이 되지 않으면 몸을 팔아 갚게 했다."『도국지략·진랍국(岛国志略·真腊国)』에도 이런 기록이 있다. "당인을 살해한 사람은 죽어야 하며, 당인이 번인을 죽이면 거액의 벌금을 내야 한다. 만약 돈이 없으면 몸을 팔아 갚는다." 이런 '당인'들은 현지 경제를 활성화하고 양국의 문화를 전파하는 면에서 중요한 공헌을 했다. 이러한 상황이었기에 송나라와 원나라시기에 중국 화교를 남월에서 볼 수 있는 것은 더 이상 희귀한 일이 아니었다.

정화의 서양 행 시기 동남아시아에 정착해 살고 있던 화인들은 모여 생활하면서 여러 가지 기능을 완비한 지역사회를 형성했다. 마환의『영애승람』에 기록된 바에 의하면,

"자바 섬 금석(锦石)에 있는 한 '신촌(新村)'에는 천여 호의 화인들이 거주하고 있는데 촌장은 광동(广东)사람이라고 한다. 신촌은 Tuban(杜板) 주변의 상업 중심지였는데, 많은 토족들이 이곳에서 판매를 하고 있었으며, 주민들의 생활은 비교적 풍부했다. 수라비야에도 화인이 관리하는 마을이 있다. 중국 동전은 자바 섬 몇몇 주요 상업마을에서 통

용되고 있는 화폐로 되기도 했다."[67]

중국 상인들은 보통 환영을 받았다. 수마트라의 구항은 이미 양도명(梁道明)이 통제 하에 있고, 만여 명의 화인들이 거주하고 있으며, 바다에는 진조의의 해적무리들이 있었다. 화인들은 수마트라에서의 발전은 이미 일정한 규모를 갖추고 있었다. 정화의 서양 행은 "화인의 남양 행" 열풍에 적극적인 작용은 했다. 바로 정화의 서양행이 있었기에 명나라의 명성조(明成祖)는 화인 우두머리 양도명을 '초안(招安)'[68] 시킬 수 있었고, 선위사제도를 구항에서 실행할 수 있었다. 조국의 정권이 인정하는 '화인왕(华人王)'의 출현은 동남아시아 화인 발전의 강심제가 되었고, 화인들의 응집력을 높여 주었다. 정화의 서양 행은 자바 섬 중부의 주요 도시 세마랑의 개발에도 중요한 공헌을 했다. 정화가 다섯 번째로 서양으로 내려가면서 세마랑에 상륙해 세마랑의 한 동굴에 주둔했다. 이 동굴은 후에 삼보동(三保洞)으로 명명되었다. 그 후에 화교들도 정화의 발자취를 따라 삼보동 부근에 집거하기 시작했고, 황무지를 개간하고 상업을 발전시켰다. 정화의 세마랑 첫 걸음은 화교들의 세마랑 거주의 시작이 되었다.[69]

정화의 서양 행은 명 왕조의 위신을 수립해주었으며, 항행할 수 있는 항로를 개발하여 선박이 중국과 동남아시아 사이의 구간을 항행

---

67) 李学民, 黄昆章: 『印尼华侨史』, 19쪽, 광저우, 广东高等教育出版社, 2005.
68) 초안(招安) : 못된 짓을 하는 자를 불러 설득하고 편안하게 살도록 하여 줌.
69) 李学民, 黄昆章: 『印尼华侨史』, 74쪽, 광저우, 广东高等教育出版社, 2005.

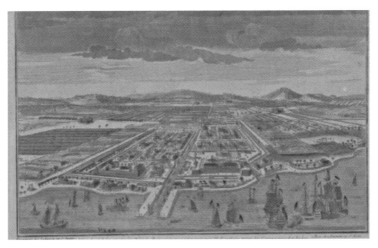
1754년 출판한 네덜란드 식민지 수도 바타비아(지금의 자카르타)를 수공으로 색을 칠한 판화(版画).

하는 위험을 줄여 주었다. 이는 명나라가 청나라로 바뀌던 동란의 시기에 수많은 화인들이 남양으로 갈 수 있는 기초를 닦아 놓았다. 왕조가 바뀌던 시기에는 전쟁을 피해 중국 동남부지역의 빈곤한 노동자들은 대규모로 동남아시아로 피난을 갔다. 청나라 말기에도 이런 이민 활동은 끊이지 않았다. 동남아시아 각 나라에는 모두 화인들의 집거지역이 있었다. 예를 들면 베트남의 명향(明乡-Minh Hùòng), 인도네시아의 반텐, 바타비아(Bataafse-자카르타) 등에 화인들의 지역사회가 있었다. 베트남의 명향은 말 그대로 명나라시대부터 있었던 곳이다. 명나라에서 청나라로 바뀌던 시절 청 왕조의 통치에 불복한 복건(福建)·광동(广东)의 주민들은 분분히 고향을 떠나 교지(交趾)로 망명했다. 이 사람들은 함께 모여 중국에서의 방식으로 생활하면서 중국문화를 이어나갔다. 이들은 명나라의 정삭(正朔, 정월 초하루)을 사용했다. 화인들이 현지 토족들과 통혼을 하는 사례가 증가하면서 명향은 점차 베트남 경내에서 일반화되어 갔다. 반텐은 16세기 말에 약 3000~4000명의 화교들이 집거해 있었다. 이들은 농사를 짓거나 상업에 종사했다. 특히 후추 재배는 세계적으로 앞섰다. 이렇게 반텐은 세계에서 제일 큰 후추산지와 무역항이 되었다. 화교들은 후추의 수출을 거의 독점했고, 후추무역은 반텐 경제의 기둥이 되었다.

16세기에 이르러 서방의 식민지배자들은 속속 아시아에서 식민지 개척활동을 시작했다. 지리적으로 가까운 동남아시아는 그들의 첫 번째 목적지였다. 동남아시아에서 화인들은 상업과 무역, 교통, 심지어 정치 등 여러 분야에서 권위적 지위에 있었기에 식민지배자들이 배척하려는 첫 번째 목표가 되었다. 해상교통을 예를 든다면, 17세기 전후에 화교들의 범선(帆船)은 동남아시아 해상운수에서 실질적으로 지배적 지위에 있었고, 남양 각 해상운수의 주요 교통도구였다.

해상운수에서 화인들의 우세를 약화시키기 위해 서방의 식민지배자들은 동남아시아 화교들의 상선을 해적의 방식으로 습격했다. 1607년 네덜란드 해군장교 마델리부(马德里夫)는 Ternate 섬에서 스페인 상인들과 아마천으로 된 옷과 육두구(肉豆蔻)[70]로 스페인 화폐를 교환하고 있는 중국 범선을 습격해 배에 있는 화물들을 빼앗아갔다. 1617년 네덜란드 선장 크리도퍼·해리스(克里朵夫·哈里斯)는 본사에 보내는 편지에 이렇게 기록했다. "네덜란드 사람들은 다시 중국인의 범선을 빼앗아 갔다. 그들은 선박이 정박해 있는 상황에서 약탈해갔으며, 배에

---

70) 육두구(肉豆蔻) : 향신료로 인도네시아 몰루카제도가 원산지인 미나리아재미목 육두구과의 상엽활엽교목 쌍떡잎 식물이다 식용으로 열매를 말려서 사용하며, 그 열매가 육두구이다.

있던 사람들을 육지로 내몰았다." 동남아시아에 거주하고 있는 화인들도 그들의 마수를 벗어나지 못했다. 인도네시아의 네덜란드 식민지 배자들은 화인들의 경제를 봉쇄하고 무력으로 협박하면서 네덜란드 령의 인도네시아 화교들을 엄격하게 관리 통제했다. 그들은 화교들의 인구성장을 엄격히 통제했으며, 인구유동과 무역활동을 전면적으로 제한했다. 향신료의 섬이라고 불리는 인도네시아 말루쿠제도 암본 섬의 화인인구는 1676년에 317명이였으며, 1708년에는 381명, 1795년에는 429명으로 낮은 성장률을 유지했다. 자바 섬 반텐에는 16세기 말에 화인 인구는 3,000~4,000명에 이르렀으나 1620년대 말에 이르러 2,000명으로 감소되었다.[71] 화인이 제일 많이 거주하고 있던 바타비아 성에서 네덜란드 식민지배자들은 도살의 수단으로 화인인구를 감소시켰다. 1740년의 홍계참안(Angke Massacre)에서 만여 명의 화인들이 죽었다. 홍계참안은 동남아시아 화인사회에 충격을 가져다주었다. 화인들과 현지 토족은 연합하여 네덜란드 식민지배자들에 저항하는 활동을 활발히 벌였는데, 1743년에야 네덜란드는 이런 폭동을 완전히 진압했다. 필리핀의 상황도 마찬가지였다. 통계에 따르면 1603년부터 1820까지 스페인 식민지배자들은 각종 핑계로 필리핀에서 6차례의 화인을 상대로 하는 대학살을 획책했는데, 약 십만여 명의 백성들이 목숨을 잃었다. 스페인 국왕은 1766년과 1769년 두 번에 걸쳐 필리핀에 거주하는 모든 화인들을 쫓아내라는 법령을 반포하기까지 했

---

71) 李学民, 黃昆章 : 『印尼华侨史』, 99~107쪽, 광저우, 广东高等教育出版社, 2005.

다.[72] 식민지배자들은 화인들을 배척했지만 자신들의 이익을 위해 부득이하게 화인들과 '협력'을 해야만 했다. 또한 그들은 대량의 화공이 필요했다. 1620년대 이전, 서방의 식민지배는 동남아시아에서 자리를 잡지 못하고 있었다. 상업 면에서 동남아시아에서 수백 년 동안 경영을 해온 명성이 좋은 화인들과 비교도 되지 않았을 뿐만 아니라 정치면에서도 별 우세가 없었다. 때문에 그들은 화인들을 간접적으로 통치하는 화인 자치를 허용할 수밖에 없었다. 바타비아 건설에서 식민지배자들은 부득이 화인들을 중요시하게 되었다. 1619년 네덜란드 식민지배자들이 자카르타를 점령한 후, 이곳에 그들의 식민도시인 바타비아를 건설하고, 이를 네덜란드 동인도회사의 기지로 만들려고 했다. 당시 현지 주민들은 부락의 추장을 따라 도망을 갔기에 자바 섬에 남아 있는 인구는 거의 없었다고 할 수 있다. 이런 상황에서 바타비아를 건설하기 위해 동인도회사는 자바 섬 및 남태평양 제도를 건설하려면 인구를 발전시키고 노동력을 증가시켜야만 했다. 높은 노동력을 가지고 있는 화공들은 좋은 선택이 되었다. 총독 피터슨·쿤(彼德遜·昆)은 각종 방법을 동원해 화인들을 바타비아로 이주시켰다. 명나라 말에 항해금지가 더욱 엄격해졌다. 중국으로부터 직접 화공들을 모집하는 것이 날로 어려워졌기에 동남아시아에 거주하는 화인들을 이주시키는 것이 더욱 쉬웠다. 1619년 피터슨·쿤은 명령을 발표해 반텐·치르본 등 자바 섬 북부지역에 있던 화교들을 바타비아로 이주하도록 했다. 그는 이주한 화교들은 모든 교통비용과 관세를 면제해

---

72) 刘芝田 :『中菲关系史』, 546쪽, 타이베이, 中正书局, 1962.

준다고 했다. 그리고 이 항으로 들어오는 중국 범선들은 "반드시 일부 선원을 남겨 현지에 거주하게 해야 했을 뿐만 아니라"[73] 약탈·납치 등 부당한 방법을 취하기도 했다. 마닐라·마카오·펑후열도(澎湖列岛) 부근의 중국 연안과 말라카 등 지역을 봉쇄하여 중국인들을 억지로 바타비아와 통상하도록 했다. 또한 네덜란드령 동인도 및 기타 지방으로 가는 중국 상선을 위협하여 바타비아로 가도록 했다.[74] 피터슨·쿤의 이런 방법은 일정한 효과를 가져왔다. 『네덜란드령 동인도 회사 통치시기의 바타비아 화교인구 분석』 속의 「개바일지(开吧日志)」의 인구통계에 따르면 1740년 홍계참안 전 바타비아에 있는 화인인구는 신속한 발전을 가져왔다. 도시 동쪽과 서쪽에 비교적 많이 거주했고, 남문밖에는 적었는데, 화인인구는 천명을 넘었다. 관련 수치는 아래와 같았다. 바타비아의 인구조사에 따르면 홍계참안 발생 1년 전인 1739년 바타비아 시내의 화인인구는 총 4,389명인데, 그중 도시 동쪽에는 1,624명, 도시 서쪽에는 2,196명, 남문 밖에는 569명이 살았고, 교외지역의 인구는 10,574명에 달해[75] 바타비아 총 인구의 10%을 차지했다. 이후 청나라 말기 민국 초기에 이르러서야 대규모의 화인 노동자들이 남양으로 내려갔다. 1823년부터 계약 화공들이 이민의 방식으로 동남아시아로 가게 되었다. 동남아시아로 간 화인들은 주로

---

73) [英]W.J. 凱特: 『荷属东印度华人的经济地位』, 王云翔, 蔡寿康 등 번역, 11쪽, 샤먼(厦门), 厦门大学出版社, 1986.

74) 李学民, 黄昆章:『印尼华侨史』, 112쪽, 광저우, 广东高等教育出版社, 2005.

75) 黄文鹰, 陈曾唯, 陈安尼:『荷属东印度公司统治时期吧城华侨人口分析』, 126쪽, 샤먼, 厦门大学南洋研究所, 1981.

광동(广东)과 복건(福建) 두 성의 파산한 농민들이었다. 그들은 생활고를 못 이기고 쉽게 서방 식민지배자들의 말을 듣고 노동력을 판매하게 되었다. 한 외국 선도사는 이렇게 말했다. "해외로 나가는 사람들 대부분은 중등계급과 하층계급이다. 특히 하층계급이 많았는데, 이는 2/3의 사람들은 노동자거나 '쿨리(苦力)'[76]이기 때문이다." 그는 하문(廈门)을 통해 외국으로 나간 사람들은 생활고에 쪼들린 사람이라고 하면서 이렇게 기록했다.

> "때로는 중국 남민(南闽, 복건성 남부)의 차 산업(茶业)이 몰락한 원인은 대량의 노동자들이 떠났기 때문이라고 한다. 하지만 그들이 떠날 수밖에 없었던 것은 차 관련 사업이 불경기기 때문이거나 차를 재배할 여건이 되지 않았기 때문이다. 어찌되었든 차 산업의 실패로 노동자들이 부득이하게 생계유지를 위해 다른 곳으로 이주했다. 물론 차 산업이 실패하기 전에 화인들이 대량으로 외국으로 나가지 않았다는 뜻은 아니다. 하지만 차 산업이 실패한 후로 하문을 통해 외국으로 나간 사람들이 많았다."

---

76) 쿨리(Coolie, 苦力) : Coolie 또는 cooli, cooly, kuli, quli, koelie 등으로 표기되는 이들은 19세기에서 20세기 초까지의 중국, 인도 사람을 중심으로 하는 아시아계 외국인, 이민자들을 일컫는 말로 정규적인 일자리가 없는 단순 노동자를 말함.

연도	지역	화인인구 상세 통계						소계
		성인		14살 및 이상		14살 이하		
		남	부녀	남자	여자	남자	여자	
1678	도시 동쪽	478	357	50	37	214	193	1329
	도시 서쪽	412	390	25	22	209	170	1228
	남문밖	207	166	31	40	100	119	663
	합계	1097	913	106	99	523	482	3220
1682	도시 동쪽	395	389	36	13	261	218	1312
	도시 서쪽	410	418	36	17	214	198	1293
	남문 밖	143	150	24	13	90	76	496
	합계	948	957	96	43	565	492	3101

인도네시아를 예를 들면 1860년 인도네시아 화교는 221,438명이었는데 1880년에 이르러 343,793명으로 증가했다.[77] 필리핀도 마찬가지다. 필리핀의 화인인구는 1864년에는 18,000여 명이었고 1876년에 30,797명으로 늘어났으며, 1886년에는 93,567명에 달했고, 1896년에는 10만 명이 넘었다.[78] 베트남의 화인인구는 1889년에 약 57,000명이었고, 1900년에는 100,000명으로 늘어났으며, 1910년에 이르러 이 숫자는 232,000명에 달했다.[79] 증가 인구의 대부분은 자유적 노동자거나 계약 노동자였다. 계약 화공은 '저자(猪仔, 돼지새끼)'라고 불렸다. 이 사람들은 식민지배자들이 몇몇 '저자관(猪仔館)'을 통해 각종 비열한

---

77) 朱杰勤:『十九世紀中期在印尼的契約華工』, 『歷史研究』, 1961 (3).
78) 黃滋生, 何思兵:『菲律賓華僑史』, 204쪽, 광저우, 廣東高等教育出版社, 1988.
79) [美]沈已堯:『海外排華百年史』, 115쪽, 베이징, 中國社會科學出版社, 1985.

동남아시아로 팔려간 저자(중국인노동자)들의 비참한 노동장면을 묘사한 판화.

수단으로 통일적으로 모집한 것으로 노동자들 모아 일괄적으로 싱가
포르나 피낭 섬을 통해 남양 각지로 운송했다. 이런 '저자'들의 비참
한 생활은 말로 표현할 수 없었다. 배에 오르기 전에 이런 화공들은
소나 말이나 노예와 같이 "머리채를 함께 묶어 감방에 가두어 두었
다."10~12명이 한 작은 감방에 있는데 모두 벌거벗은 상태이며, 가
슴에는 가게 될 국가나 지역의 이니셜이 적혀 있다. 배에 오르면 생활
은 더욱 어려웠다. 화공들은 갖은 모욕과 학대와 구타를 받았다. 이
를 이겨내지 못하고 자살을 하거나 죽는 사람들도 많았다.

　화공들의 사망률은 10%정도였다. 동남아시아에 살아서 도착한다
고 해도 또 다른 형태의 고단한 생활의 시작일 따름이다. 그들 대부
분은 사탕수수, 커피, 담배 등 작물의 재배에 참여했다. 고단한 노동
을 매일 되풀이해야 했지만, 먹을 것은 항상 부족해 생활은 어렵기

만 했다. 학대에 자살하고 죽어가는 사람들이 심심찮게 나타났다. 이들이 계약을 만료했다고 해도 여전히 노예의 운명을 벗어날 수가 없었다. 싱가포르와 말레이시아를 예를 든다면, 1881년부터 1930년까지 해협(海峽) 식민지에 도착한 화인은 약 830만 명에 달했는데, 그중 70%는 '저자'였다.[80] 이런 '저자무역'은 1930, 40년대에 이르러서야 잇달아 폐지되기 시작했다.

---

80) 陈翰笙主编: 『华工出国史料汇编』, 제1집, 5쪽, 베이징, 中华书局, 1981.

제2장

천조질서와 동남아시아

제1절
중국의 전통문화가 식민통치 이전의
동남아시아에 미친 영향 개론

"하늘이 돌보시고 명하여 사해를 모두 가지게 하여 세상의 군주가 되었다.(皇天眷命, 奄有四海, 为天下君.)"[81]라는 사상의 영향으로 중국 역대왕조들은 중국 풍물제도의 우월성을 굳게 믿어 의심치 않았다. 이런 대국의 심리는 주로 중원(中原) 왕조와 주변 국가의 관계인 "천조주도(天朝主导)"라는 개념 하의 "중화와 오랑캐는 분별이 있다(华夷有分)"라는 질서에서 표현되었다.

이는 동남아시아지역과의 국가관계에 있어서 기본준칙이기도 했다. 이런 질서체계에서 조선, 일본, 베트남도 중국의 전통제도와 문화를 본보기로 자국의 제도를 구축하고 본토의 문화를 배양했으며, 중국을 '종주국(宗主國)'으로 받들었다. 이는 동아시아지역의 오랜 역사시기 동안 인식되었던 "사해(四海)는 한 집안으로 내외가 없으며, 신경(神京)에는 구름에 에워싸이고 상서로운 기운이 흐른다"는 상황으로 나타났다. 동아시아 여러 나라와 비교할 때 동남아시아지역과 천조의 관계는 비교적 소원했다. 비록 관가의 조공과 민간왕래의 역사가 오래됐다고는 하지만, 중국의 전통문화가 일부지역에서는 별로 큰 영향을

---

81) 『尚书·大禹谟』

미치지는 못했다. 중국의 전통 법률문화가 동남아시아에 미친 영향
은 주로 아래 몇 가지 방면에서 나타났다.

첫째는 인도의 영향을 받은 카스트제도에 영향을 주었다는 점이다.
카스트제도는 고대 인도법의 기본 특징이다. 동남아시아지역은 인
도법의 영향을 크게 받았지만 그에 비해 카스트제도의 영향은 매우
적었다. 일부 학자들은 이렇게 카스트제도의 영향이 적었던 원인은
중국인들의 이민과 관련이 있다고 하고 있다. 중국은 인도와는 달랐
다. 인도에서 각종 성씨는 가정 출신으로 분류하며, 출신이 모든 것
을 결정한다. 하지만 중국에서의 각 계층은 과거제도 등 경로를 통해
형성되는 것으로 일정한 유동성을 갖고 있었다. 당인(중국인)들이 대
량으로 동남아시아지역으로 몰려들면서 중국의 계층구분 개념도 전
파했으며, 기타 피 통치적 지위에 있는 저급한 성씨 계층으로부터 인
정을 받았다. 이는 기존의 카스트제도에 충격을 주었으며, 카스트제
도가 동남아시아 사회의 역사에서 점차 사라지게 했다.

둘째는 화폐제도이다.
동남아시아의 화폐제도는 중국의 영향을 많이 받았다. 중국은 역
대를 내려오면서 동전(铜钱)의 외국 유출을 금지했지만, 여전히 유출
되었다. 특히 동남아시아 시장에서의 명성과는 갈라놓을 수 없는 사
실이다. 중국 화폐의 "동 주조술이 뛰어나서 땅에 묻어도 삭지 않는
특징"을 가지고 있었기에 시장에서 유통하는 정식화폐로 사용되었다.

한(汉)나라 시기의 오수전(五铢钱)은 일찌감치 베트남에 유입되었다. 사료에는 송(宋)나라 이후에 인도네시아 자바 섬에서는 "매매 교역에서 중국 역대의 동전을 사용했으며", "시중 교역에서도 중국 동전을 사용했다"[82]는 기록을 찾아볼 수가 있다. 무역 외에도 중국 동전은 법정 벌금을 바치고, 국왕에게 공물을 바치며, 관리들의 봉급과 세금을 지불하는 데에도 사용되었으며, 심지어 종교의식에서도 볼 수가 있었다.[83] 일부 학자들은 캄보디아 화폐는 16세기에 외국으로부터 도입한 것이라고 한다. 칸(坎)이라고 부르는 찬위(篡位)왕자가 시작한 것으로 그의 영지는 바로 중국 상인들과 무역이 활발하게 진행되고 있는 주변이었다고 한다. 캄보디아 화폐 제조와 사용에 있어서 중국 상인들의 영향을 무시할 수는 없다. 18세기 말에서 19세기 초까지 캄보디아 국내에서는 보편적으로 베트남에서 아연으로 제조한 중간에 네모난 구멍이 난 원형 동전을 사용했다.[84] 이런 동전의 모양과 제조는 베트남이 중국의 동전을 모델로 만든 것임이 분명하다. 말레이시아도 마찬가지였다. 고증에 따르면 말레이시아 언어로 돈을 왕(wang)이라고 하는데 이는 당나라에서 유래된 것이다. 전하는 바에 의하면 당나라시기에 돈이 많기로 이름난 왕원보(王元宝)라는 사람이 있었다고 한다. 이 때문에 당나라시기에 돈은 '왕(王, wang)'으로 불렸고 '정(锭)'

---

82) 『瀛涯胜览』

83) 인도네시아에서 사람들은 동전을 꾸러미채로 달아 매놓는 것은 종교의식에서 없으면 안 되는 신기(神器)이다. 王介南:『中国与东南亚文化交流志』, 270쪽, 상하이, 上海人民出版社, 1998.

84) 罗华清 편역:『束埔寨货币沿革』, 『东南亚纵横』, 1993 (1).

을 '원보(元宝)'라고 했다. 이후에 '왕'과 동전이 같은 의미로 적용되지는 않았으나 말레이시아 언어는 이 습관을 보존해왔다. 중국의 동전 외에도 종이화폐도 동남아시아에서 한동안 유통되었다. 원나라의 중통초(中统钞)는 한때 미얀마에서 유통되어 현지 통용화폐와 함께 사용되었으며, 규정된 환율이 있었다.

중국 화폐의 제조기술도 동남아시아에 큰 영향을 미쳤다. 일부 동남아시아 국가의 동전 모양은 중국의 동전과 비슷한 모양을 가지고 있었다. 말라카 국왕은 중국의 화폐 제조기술을 배워 큰 덩어리의 구리를 작은 덩어리로 만들어 중국의 동전과 같이 휴대하기 편리한 모양으로 만들었다. 자바 섬의 옛 동전도 중국의 옛 동전과 비슷한 모양이었다. 자바 섬 옛 동전의 외관은 원형 모양에 네모모양의 구멍이 있었는데 이는 중국 동전 모양과 일치했다.

셋째는 예법문화이다.

중국의 전통예법은 동남아시아에 큰 영향을 미쳤다. 일부 학자들은 캄보디아 오가(吳哥) 왕조시기의 유명한 왕가 건축과 중국의 황궁, 황가 사원 건축을 전면적으로 비교해본 결과 놀랍게도 캄보디아의 왕가 건축이 중국 황가 건축의 구도를 채택한 것이라는 결과를 얻었다. 모두 알다시피 중국의 고대 건축 특히 황가건축과 단묘(坛庙)건축은 전형적인 "예법을 표현하기 위한 건축"으로 유가사상 문화가 '주(住)'를 통해 체현된 것이기 때문에, 이런 건축 스타일과 구조는 예법문화를 위한 것이다. 캄보디아 왕가건축이 중국황가 건축과 사묘(寺

庙)건축을 본 딴 사실은 중국의 왕권 개념에 대한 인정이라고 할 수 있다. 또 일부 서방학자들은 캄보디아의 일부 왕가의 제사의식인 매년 진행되는 '어경절(御耕节)'도 중국의 왕권문화를 배워온 것이라고 했다. 이는 인도문화와 현저한 차이가 있는 것으로 중국문화의 특징을 볼 수 있는 것이다.

넷째는 행정제도이다.

중국의 행정제도도 일부 동남아시아 국가에 영향을 미쳤다. 미얀마는 중국 행정제도의 영향을 받은 동남아시아 국가 중 하나이다. 서촉(西蜀)정권이 남중(南中)지역에 대한 정벌을 시작하면서 일부지역을 통치하기 시작했다. 삼국시대에 남중지역은 원시부락과 유목상태였다. 제갈량(诸葛亮)은 정치와 경제 분야에 대해 '화무정책(和抚[按撫]政策)'을 실시하여 이 지역의 문명화를 촉진시켰으며, 이런 정책은 미얀마에까지 영향을 미쳤다. 그 때문에 미얀마에서는 제갈량을 신명으로 받들고 있다. 『제번지(诸蕃志)』의 기록에 따르면, 미얀마에는 "제갈무후(诸葛武侯)의 묘가 있으며," 『서남이풍토기(西南夷风土记)』에는 "성에는 무후남정비(武侯南征碑)가 있다"는 내용이 있다. 심지어 외국 전도사가 미얀마 북부 카친(kachin)족에 선교할 때, 민중들의 신임을 받기 위해 이런 거짓말을 만들기까지 했다. "하느님은 아들 두 명이 있는데 큰 아들은 공명(孔明)이고, 둘째 아들은 예수다. 큰 아들 공명이 이미 늙어 사명을 더 이상 할 수 없게 되자 하느님은 둘째 예수에게 공명을 대신해 세상의 백성들을 다스리라고 했다." 제갈량이 만든 병력을 나누고 권문세가와 세습의 토사제도(土司制度)[85]는 미얀마지역에 심원한 영향을 미쳤고, 미얀마와 중국과 잇닿은 샨주(揮邦)와 카친주(克欽邦)는 천여 년 동안 제갈량이 창설한 토사제도를 따랐다.

동남아시아 국가 중에서 식민지가 안 되었던 나라는 타이였다. 타이에서 화인들은 우월한 지위를 가지고 있었다. 타이의 화인들은 시암(샴)의 자유민들과 달리 규정한 지역의 귀족에게 등록한 후 부역을 해야 했다. 화인들은 보통 수도지역에 거주하면서 자유롭게 무역을 했다. 그들은 통치자들을 위해 세금을 거두면서 왕실과 정부가 하는 상업행위의 중개상 역할을 했다. 그들은 자신의 경제실력을 바탕으로 왕실에 영향력을 미치기도 했다. 또한 타이가 시암으로 불리던 명나라·청나라 시기부터 대량의 중국인들이 관리로 임명되었다. 시암 통치자들은 "중국의 문자를 꽤 알고 있었으며, 손님이 시를 지을 정도의 수준을 지니고 있으면, 국왕 다라(多罗)은 그들에게 음식을 제공해 주었다." 이처럼 존경의 태도를 보였기에 화인들은 기꺼이 관직을 맡았다. 『명사(明史)』에는 이런 내용이 기록되어 있다. "정주(汀州)인 사문빈(謝文彬)은 소금 장사를 하는데, 바다를 떠돌다 이 나라에 이르러 악곤(岳坤)의 벼슬을 했다. 이는 천조의 학사와 같은 벼슬이다." 17세기 서방의 여행가도 여러 차례 시암에 거주하고 있는 중국인들이 시암에서 관직을 맡고 있었다는 것을 증명했다. 시암은 중국을 존경했을 뿐만 아니라 한인을 관리로 임명하고 국정을 다스리며 재물

---

85) 토사제도: 중국 서북·서남 등 소수민족 지역에서 해당 지역 각 민족의 수령을 이용하여 해당 지역의 백성들을 통치하는 제도.

과 세금을 관리하게 했다고 했다.[86] 또한 그들은 중국의 행정체제도 매우 동경했다고 한다. 시암의 관리제도는 9개 등급으로 나뉘어져 있었고, 시암 국왕, 고급관리들과 귀인들은 중국 복식을 입은 초상화를 그리게 했다. 오늘날 타이 아유타야 주 파음어원(巴蔭御苑) 정전(正殿) 천명전(天明殿)의 벽에는 여전히 청나라시기의 영우관복(翎羽冠服)을 입은 몽꿋(라마 4세)과 라마 5세의 화상이 걸려있다. 화인이 시암의 최고통치자로 지냈던 역사도 있다. 타이 역사상의 톤부리 왕조가 바로 광동(广东)의 화인이 집권한 왕조이다. 즉 깜팽펫 주의 태수였던 정신(郑信)이 일으킨 나라로 달신(达信)이 건립한 것이라고도 한다. 그가 성공적으로 즉위한 후 chinluang이라는 특권계층을 만들었다. 이는 "성실한 중국인"이라는 뜻이었다. 달신은 이 사람들에게 의지하여 군정대사를 처리하고 그들을 타이만과 시암반도 지역의 주요 관직인 세금 징수관, 성장과 군사지휘관을 맡게 했다.[87] 화인들은 타이의 신임만 받은 것이 아니라 다른 동남아시아지역에서도 보편적인 신뢰를 받았다. 시진경의 장녀 시대낭자(施大娘子)는 아우의 아내와 구항 선위사 직위를 놓고 쟁탈을 했는데 실패하자 구항(旧港)를 떠나 자바 섬으로 갔다. 그녀는 자바 섬에서 백이(伯夷) 국왕의 환영을 받았으며 그를 동 자바 섬 금석항(锦石港)의 항주(港主)로 위임했으며, 국왕과 외국 상인들의 연락을 책임지게 했고, 상선의 정박비용과 화물 수출

---

86) 『海国闻见录』

87) [美]尼古拉斯·塔林(Nicholas Tarling):『剑桥东南亚史』, 제1권, 贺圣达, 陈明华 등 역, 288쪽, 쿤밍, 云南人民出版社, 2003.

입 세금을 징수하도록 했다. 일부 주요 무역항에서 기층의 촌장을 맡은 화인들도 있었다. 화인 관리들은 직권을 행사하는 과정에서 불가피하게 중국의 전통적인 정치·사법제도의 영향을 받았다. 동남아시아 화인들의 경제 실력은 보편적으로 강했고, 완벽한 조직관리 집단을 구성하였기에 중국의 전통적인 행정제도가 동남아시아에 더욱 큰 영향을 미칠 수 있었던 것이다.

다섯째는 법률제도이다.

예를 들면 법률의 실천과정에서 중국인과 토족인을 차별대우했다. 남송시기의 진원정(陈元靓)의 필기 기록인 『사림광기·진랍국(事林广记·真腊国)』에는 이렇게 적혀 있다.

"번인(蕃人)이 당인을 살해하면 번의 법에 따라 사형을 집행하고, 당인이 번인을 살해했다면 거액의 벌금을 내린다. 만약 당인이 벌금을 낼 형편이 되지 않으면 몸을 팔아 갚게 했다."

제2절

천조질서 하의 동남아시아-정화의 서양 행

　"정화의 서양 행"은 중국 고대 대외교류사의 중요한 사건이다. 명성조(明成祖) 주체(朱棣)는 제일 넓은 범위에서 '천조상국(天朝上国)'의 권위를 건립했으며, 중국의 전통예법문화의 확대와 발전에 강한 책임을 가지고 있었다. 그는 그의 이런 책임감을 육상외교와 해상에서 위세를 떨치는 두 가지로 분류했다. 중앙아시아·서아시아 내륙까지의 '육상외교(陆上外交)'는 진성(陈诚)과 후현(侯显)에게 위임하였으며, '해상양위(海上扬威)'의 사업은 그의 심복 태감(환관) 정화에게 위임하였다. 정화는 "일곱 번 서양으로 내려갔다." 이렇게 중국의 예악(礼乐)문화가 동남아시아에 '택피(泽被, 은혜를 주는 의미로 물건을 제공한다는 뜻―역자 주)'할 수 있는 중요한 발걸음을 내딛었다.

1. 정화의 서양 행 시기 동남아시아 각 나라의 경제 문화발전 개황

　명성조(明成祖)가 희망하는 '천조질서(天朝秩序)'의 영향을 받아야 할 동남아시아에서 중화문화 범위에 속하는 안남(安南) 외의 기타 지역의 발전 수준은 일정하지 않았고, 문화도 다양했다. 중국정부 측의 역사자료와 국외 자료의 기록에 따라 여러 나라의 발전상황과 문화의 정도는 대체적으로 세 가지로 분류할 수 있다.

첫째, 정화가 방문하기 전에는 원시사회 말기에 처해 있었고, 개화 정도가 비교적 낮은 국가의 부류.

이런 부류의 국가는 주로 말레이시아 제도의 작은 나라들로 생활은 노자(老子)의 『도덕경(道德经)』에 묘사한 이상적 상황인 간단한 사회 구조를 가지고 있었으며, 백성들의 지혜는 여전히 우매했고, 사람과 사람간의 왕래도 적었으며, 하늘의 천명에 따르면서 평안하게 살고, 즐겁게 일하고 있는 상황이었다. 이런 나라들 중 비교적 대표적인 나라로는 시암(샴) 서쪽의 소국(小国)인 파항(Pahang, 彭亨), 수마트라섬의 나쿠르국(Nakur, Nagur, 那孤儿国)이다. 『명사(明史)』에는 이런 기록이 있다.

"(파항) 나라는 토지가 비옥하고 일 년 내내 날씨가 따뜻하며, 쌀과 벼가 풍족하고, 바닷물을 끓여 소금을 만들며, 코코넛으로 술을 빚고 있었다. 서로 친하며 강도가 없다. 향목(香木)으로 조각상을 만들고 사람을 죽여 신에 제사를 지내 액막이를 하고 복을 빌었다. 그들의 조공한 품목으로는 상아, 편노(片脑, 용뇌향나무 줄기에서 축출하는 중약재-역자 주), 유향(乳香), 속향(速香, 향목[香木]의 일종인 황숙향[黄熟香]), 단향(檀香), 후추(胡椒), 소목(苏木) 등이 있다. 나쿠르(那孤儿)는 수마트라 섬 서쪽에 있으며 섬과 이어져 있다. 지형이 협소하기에 약 천여 호가 살고 있다. 남자들은 묵자(墨刺) 얼굴을 가진 화수(花兽)모양이라 화면국(花面

国)이라는 이름을 가지고 있다. 그들은 원숭이 얼굴을 하고 알몸으로 다니며, 남녀 모두 허리에 얇은 천을 두른다. 하지만 순박한 풍속을 가지고 있으며, 밭이 있고 벼가 풍족하다. 강하다고 약자를 침범하지 않고, 부유하다고 빈곤을 비웃이 않으며, 자급자족에 만족하고 강도가 없다. 영락 중기에 정화가 이 나라를 방문했으며 추장은 공물을 바쳤다."[88]

이런 나라는 제일 간단한 '왕(추장)'과 '남녀계급'이 존재했고 '밭과 논'이라는 제일 기본적인 농업형태를 가지고 있다. 하지만 농업기술은 저급단계에 있었기에 농업은 여전히 "하늘의 뜻에 따라 밥을 먹는 수준"으로 자급자족하는 상황이었다. 순박한 풍속을 가지고 있으며, 종교는 여전히 우상숭배 단계에 머물러 있었으며, "사람을 죽여 복을 비는 야만적인 풍습"을 가지고 있었다. 이런 묘사를 통해 이런 부류의 국가는 여전히 원시사회 말기의 상태임을 알 수 있다.

둘째, 인도문화의 영향을 비교적 크게 받은 나라의 부류.

지연적 관계로 동남아시아 여러 나라들은 인도의 영향을 비교적 크게 받았다. 학술계에서는 이를 '인도문화권' 국가라고 한다. 중국의 예법이 일본·조선에 큰 영향을 미친 것처럼 불교는 이런 나라들에 큰 영향을 미쳤다. 주요 국가들로는 점성·진랍·시암이다. 마환의『영

---

88) 『明史·外国列传六』

애승람』에는 점성을 이렇게 묘사했다.

"국왕은 쇄리(鎖俚) 사람으로 불교를 신봉한다. 머리는 금으로 만든 세 개의 창이 솟은 영롱한 화관(花冠)을 썼는데, 마치 중국 연극의 부정(副淨)이 쓰는 것과 비슷한 모양이다. 몸에는 오색의 선으로 섬세한 꽃무늬를 장식한 그 지역에서 생산된 천으로 만든 긴 상의를 걸쳤고, 아래는 염색한 실로 짠 수건을 둘렀으며 맨발이다. 출입할 때에는 코끼리를 타는데 간혹 두 마리 황소가 끄는 작은 수레를 타기도 한다. 그 우두머리가 쓰는 모자는 카장(茭葦, kajang) 잎으로 만들었으며, 왕이 쓰는 것과 같은 모양이지만 황금빛 무늬로 장식했다. 그 안에는 품급(品級)의 높낮이가 구별되어 있으며 색을 물들인 웃옷은 길이가 무릎 밑으로 내려오지 않는다. 아래쪽에는 여러 색으로 물들은 그 지역에서 생산된 천으로 만든 수건을 둘렀다. 국왕이 거처하는 건물은 높고 장대하며 지붕에는 가늘고 길쭉한 작은 기와를 얹었으며, 사방의 담장과 벽은 벽돌에 재를 발라 장식해서 쌓았는데 대단히 깔끔하다. 문은 단단한 나무에 짐승과 가축의 모양을 조각하여 장식했다. 주민들이 거주하는 집은 초가지붕을 얹었는데, 처마의 높이가 석 자[尺]를 넘길 수 없어서 드나들 때 허리를 굽히고 머리를 숙여야 한다. 그보다 높게 지으면 벌을 받는다. 의복은 흰색을 금지하며 오직 왕만이 입을 수 있다. 그 아래 주민들은 검은색이나 황색, 자주색을 모두 허용하지만 흰 옷을 입은 자는 사형에 처한다. 나라의 남자들은 헝클어진 더벅머리를 하고 있고, 부녀자들은 머리 뒤쪽에 상투를 튼다. 몸은 모두 검은색이고, 상의는 소매가 없는 짧은 적삼을 입고, 아래에는 색색의 실로 만든 수건을 두르는데, 모두 맨발이다.…남녀 혼인 시에 남자가 먼저 여자의 집에 가서 결혼을 한 후 10일 혹은 반달 후에 남자의 부모와 여러 친척들이 북을 두드리고 노래를 부르며 신혼부부를 집으로 데려가 술을 마시며 풍악을 울린다.

글을 쓰는 종이와 붓이 없고 얇게 두드린 양가죽이나 불에 검게 그을린 나무껍질을 종이로 하며 백분(白粉)으로 글을 썼다.

죄가 경한 자는 등나무 덩굴로 장척(杖脊, 등에 채찍을 가하는 형-역자 주)의 형을 내리고 중한 죄를 범한 자의 코를 베는 나라 형벌이 있다. 도둑은 손을 자르고 간음죄를 지은 자들에게는 남녀 불문하고 얼굴에 상처를 입힌다. 죄가 큰 자에 대해서는 뾰족하게 깎은 나무가 있는 작은 배 같은 뗏목에 앉혀 나무가 입으로 나오게 하여 죽이며 물에 띄워 대중들에게 보여준다.

그들의 일력은 윤달이 없지만 12개월을 1년으로 하며, 하루를 10경(更)으로 나누고 북을 두드려 시간을 알린다. 사계절은 꽃이 피면 봄이고 낙엽이 떨어지면 가을로 한다. 왕을 기리는 명절이 오면 국왕은 산 사람의 담즙을 물에 타서 목욕을 하는데, 여러 두목들이 채집하여 예물로 바친다. 국왕은 왕위에서 30년을 재위하고 출가한 후 그의 형제나 자식, 조카가 국사를 관리한다. 왕은 깊은 산속에 들어가 목욕재계를 하고 소식한다. 왕은 하늘을 향해 이렇게 말한다. "나는 원래 왕으로 재위한 시절에 사회 정치가 어지러워 승냥이나 호랑이에게 잡아먹히거나 병으로 죽기를 바란다." 만약 1년이 지나도 죽지 않았다면 다시 왕위에 복귀하여 나라를 관리한다. 국민들은 "석사마합라찰(昔唆마哈刺札)"이라고 외치는데 이는 왕에 대한 최고의 존칭이다. 바다로 통한 못이 있는데 이를 악어담(鰐鱼潭)이라고 한다. 관리도 결정할 수 없는 소송이 있으면 소송 양측 모두 수우를 타고 이 담을 건너게 한다. 도리에 어긋난 자면 악어가 잡아먹게 된다. 만약 열 번을 건너도 악어에게 잡혀 먹히지 않는 자는 이치가 있는 자이다. 이런 방법이 제일 기이했다."[89]

상술한 기록에서 우리는 정화 함대가 점성에 도착하기 전 점성의 문명은 상당한 수준을 가지고 있음을 알 수 있다. 종교방면에서는 전국적으로 불교를 믿으며 의식주행, 관혼상제(冠婚喪祭) 등 풍속도 규

---

89) 『瀛涯胜览』

정되어 있으며, 정치적으로는 국왕과 형제 조카들도 함께 '천하의 일'을 공유한다. 법률 면에서는 각종 범죄행위를 경중에 따라 구분하여 처벌을 내리도록 규정했으며, 판결이 어려운 사건일 때에는 신명의 재판에 맡겼다. 국가의 제도구조나 사회생활 규칙은 당시 점성의 경제 정치 상태와 부합되었으며, 문명도 일정 정도 발전되어 있었다.

　셋째, 이슬람문화의 영향을 비교적 깊이 받은 국가의 부류.
　동남아시아지역에서 이슬람교는 '후발 종교'라고 할 수 있다. 정화가 보선(宝船)을 타고 도착했을 때, 이슬람교는 이 지역에서 겨우 자리를 잡기 시작한 시기였다. 현지에 거주하는 아랍상인들이 있었기에 이슬람교가 전파될 수 있었다. 그들은 상업하는 과정에서 국가의 정치경제 명맥을 장악하고 있었기에 그들은 현지에 이슬람교를 부단히 전파했다. 시간이 흐르면서 이슬람교는 국민생활에 스며들었으며, 점차 주류 종교가 되었다. 고리(告里)[90]에는 전형적인 실례가 있었다.

> 고리국은 서양의 대국으로…중국과 10만여 리 떨어져 있다.…국왕은 남곤(南昆) 사람으로 불교를 믿고 코끼리와 소를 존경했다. 나라 사람들은 회회인(回回人), 남곤인(南昆人), 철지인(哲地人), 혁령인(革令人), 목과인(木瓜人) 등 다섯 등급으로 나뉜다. 이 나라 국왕과 국민들 모두가 소고기를

---

90) 고리 : 오늘날 인도의 서남부의 Kozhikode의 일대에 있던 나라로, 고대 인도양 해상의 교통 요새였다.

먹지 않으며 우두머리는 회회인으로 그들은 돼지고기를 먹지 않는다. 우선 왕과 회회인은 소고기를 먹지 않거나 돼지고기를 먹지 않는 등 서로 금기를 가지고 있는데 이는 지금도 여전하다.…왕은 큰 우두머리 2명에게 국사를 행하게 하는데 모두 회회인이며, 반 이상의 국민이 회회교를 믿고 있다. 회교사원은 2, 30개가 있는데 매 7일에 한번 씩 예배를 한다. 그 때가 되면 가정 성원 모두 목욕재계를 하고 어떤 일도 하지 않는다. 사오(巳午)시가 되면 어른이나 아이를 불문하고 모든 남자들은 사원에 가서 예배를 하는데 미(未)시가 되어야 집으로 돌아가 물건을 팔고 사거나 여러 가지 가사노동을 한다. 사람들은 신용을 지키며 모양이 단정하다.…쇄리인과 회회인의 관혼상제 풍속은 다르다. 그들은 왕위를 아들에게 물려주지 않고 외조카에게 물려준다. 여자가 낳은 자식들을 적족(嫡族)이라 한다. 만약 왕이 자매가 없으면 남동생이나 오빠에게 물려준다. 만약 남동생이나 오빠가 없다면 덕망이 있는 자에게 물려준다. 대대손손 이런 습관을 이어왔다. 왕법에는 채찍 형벌이 없다. 죄가 경할 경우 손이나 발을 자르고 중하면 벌금을 부과시키고 사형을 내리거나 심지어 멸족을 시킨다. 사람이 법을 어기면 관가에서 체포한 즉시 그의 죄를 묻는다. 만약 사정이 있거나 억울하다고 불복하는 자가 있으면 왕이나 큰 우두머리에게로 데려간다. 그 후 쇠가마에 4~5근의 기름

을 부어 펄펄 끓인다. 먼저 나뭇가지를 넣어 튀는 소리가
나는 여부를 확인한 후 오른쪽 식지를 끓는 기름 가마에
넣는다. 손가락이 타면 손가락을 꺼내 천으로 싸맨 후 관
가에 넘겨 지켜본다. 2~3일 후에 상한 손가락을 싸맨 천을
뜯어보는데 만약 손이 짓물러지면 죄가 있다고 여겨 형벌
을 내리고 손이 아문 상황이면 억울한 상황이라고 여겨 우
두머리 등은 북을 치며 집으로 환송한다. 친척과 이웃들
은 선물을 주며 축하하고 술을 마시고 풍악을 울려 경축하
는데 참으로 기이한 상황이 아닐 수 없다.[91]

    상술한 기록으로부터 우리는 고리국에서 국왕은 불교를 믿지만 수
하 '정부관리'인 큰 우두머리는 이슬람교를 믿으며, 보통 민중들은 인
도 카스트제도처럼 여러 계층으로 나뉘어져 있음을 알 수 있다. 제1
등급은 불교가 아닌 이슬람교도들이다. 대부분 민중들은 이슬람교를
믿는다. 국왕과 국민들은 소고기를 먹지 않는데, 이는 인도의 음식
금기에서 유래된 것이다. 무슬림은 돼지고기를 먹지 않는데 이는 이
슬람교의 규칙이다. 불교도와 이슬람교도들은 평화적으로 공존한다.
민간에는 많은 이슬람교 사원이 있다. 민중들은 이슬람의 '다섯 기둥'
에 따라 예배를 한다. 기타 문명이 발전한 국가와 마찬가지로 범죄행
위에 대한 형벌 개념이 형성되어 있었고, 해결하기 어려운 안건의 판
결은 신명에게 맡기는 방법을 취했다.

---

91) 『瀛涯胜览·古里国』

만약 고리국을 인도문화와 이슬람 문화가 융합된 곳이라고 한다면, 호르무즈(忽魯谟斯)는 순수한 이슬람국가라고 할 수 있다. 역사서적에는 이런 기록이 있다.

> "호르무즈는 서양의 대국이다.…사람들 피부는 새하얗고 몸집이 건장하다. 부녀들은 수건으로 얼굴을 가리고 있으며, 시장과 점포가 있고, 각종 물건을 판매한다. 유일하게 술을 금하는데 이를 어기는 자에게는 사형을 내린다. 의사와 점쟁이, 기예 등은 중국과 비슷하다. 거래 시 은전을 사용한다. 책은 회회문자를 사용한다. 왕과 신하들 모두가 회교를 믿고, 관혼상제 모두 회교의 전통을 따른다. 목욕재계를 하고 다섯 기둥에 따라 예배를 한다.[92]

술을 금하는 것은 이슬람교법의 중요한 내용이다. 위의 기록으로부터 호르무즈의 풍속습관과 종교 신앙 및 언어문자 등이 이슬람 화되었음을 알 수 있다.

이상의 세 가지 유형은 정화의 서양 행 시기 동남아시아지역의 대체적인 상황을 개괄해준다. 명성조는 정화의 함대를 통해 이런 경제, 정치, 문화의 기초 하에서 '천조질서'를 추진하려고 했다. 정화의 함대는 여러 나라의 국정을 이해하는 기초 위에서 "차별 없이 모든 것을 포용"하고 "나라의 국정을 존중해 서로 다르게 대해야" 했다. 이

---

92) 『明史·外国列传 』

는 결코 쉬운 임무가 아니었다. 하지만 정화는 중국의 예법정신으로 동남아시아 국가 간의 분쟁을 조정했다. 여러 차례 서양으로 내려간 정화는 동남아시아지역의 평화안정을 수호함으로써 동남아시아 여러 나라의 높은 찬양을 받았다. 오늘 까지도 '정화 숭배'는 여전히 동남 아시아에 깊이 자리 잡고 있다.

2. "정화의 서양 행" 과 '천조질서' 의 역사배경과 이론기초

정화의 서양 행은 하나의 독립적인 역사사건이 아니다. 정화의 서양 행은 명(明)제국의 황권 강화와 중앙집권이 외교면에서 표현된 것 이다. 명태조(明太祖) 주원장(朱元璋)시기의 대외정책은 정화의 서양 행이 그 시작이라고 할 수 있다. 주원장과 개국공신들은 원(元)나라 멸망의 원인은 "법도가 정해지지 않고 군주가 주색에 빠지고 신하가 권력을 차지하고 위력과 은혜가 신하들에게 있었기 때문이다"라고 종합했다. 다시 말하면 원나라의 군신관계, 군민관계는 모두 중국의 전통 예법제도가 요구하는 것과는 위배된다는 의미이다. 명분을 바로잡기 위해서는 반드시 "나라의 법기와 사회질서인 예법"을 재정비해야 했다. "건국초기 이는 급선무다."[93] 이런 정신은 주로 대외정책에서 표현되었다.

"하늘과 땅 사이에 제왕과 추장이 각 지에 나라를 세우니

그 숫자를 헤아리기 어렵다.

---

93) 『明太祖实录·卷十四』

웅장한 산, 넓은 하천은 하늘이 만들어 준 것으로 서로 범하지 않는다. 이를 지배하는 자는 응당 국토를 수호하고 백성을 긍휼히 여겨야 하느니 하늘의 뜻을 따르면 나라는 번창할 것이고, 국정에 태만하여 하늘의 뜻을 어기면 나라는 반드시 망할 것이다.…"[94]

  분명한 것은 "만이(蛮夷)의 여러 나라"는 하늘의 뜻을 따라야 하는데, 이는 명 제국이 주도하는 '화이(华夷)질서'를 뜻하는 것으로 이를 따라야만 서로 무사하고, 범하지 않아야만 나라가 번창할 것이고, 그렇지 않으면 나라는 망할 것이라는 의미이다. 이 개념에 자신의 존경과 숭배를 표현하는 방식이 바로 조공이었다. 명 왕조의 이 이념은 국서를 통해 신속히 동아시아, 동남아시아 여러 나라에 전해졌고, 남양 여러 나라의 보편적 환영을 받았다. 특히 원나라시기에 점성을 정벌하고 자바 섬을 공격한 역사가 있었기에, 말만 들어도 얼굴색이 변하는 남양의 여러 나라들은 명 왕조가 추진하는 '평화우호'의 외교정책을 더욱 환영했다. 주원장 재위 기간 동안 남양의 여러 나라들이 조공을 오는 일들이 많았다. 이와 같은 주원장의 위대한 업적은 그의 아들 명성조(明成祖) 주체(朱棣)의 대외정책에 큰 영향을 미쳤다. 주체는 아버지의 대외정책 이념을 계승하고 발전시켰다. 그는 제일 이상적인 화이질서는 응당 "제왕을 중심으로 만국을 거느리는 것으로 천하의 모든 것을 망라해야 하며, 멀리에서 온 사람들을 위로하고

---

94) 『明太祖实录』卷九十.

편안하게 해야 하며, 그들의 요구에 따라야 한다"[95]고 했다. 또한 천조질서 통제하의 여러 번국은 응당 "천도를 따라야 하며, 짐의 말을 듣고 본분을 지키며, 도를 넘지 말아야 하며, 소수를 괴롭히지 말고 약자를 모욕하지 않으며, 태평의 행복을 함께 누려야 한다"[96]고 했다. 정화가 서양에 가서 황제의 은혜를 하사하는 것은 중국을 종주국으로 하는 천조질서 시스템을 공고히 하기 위한 중대한 임무가 있었기 때문이다. 이 외에도 본국의 선진적 예법문화로 남양 여러 번국의 문명정도를 높여야 했다. 영락 14년(1416년) 황제가 쓴『남경홍인보제천비궁비(南京弘仁普済天妃宮碑)』에서 명성조의 이 목적을 잘 알 수 있다.

> "황고 태조 고황제(皇考太祖高皇帝)시기의 영역은 사해를 아울러 넓은 국토면적을 자랑하며 하늘 끝까지 위력이 닿아 모두 세력범위 내에 있었다. 대외적으로는 회유정책을 행하였고, 모두 본분에 충실하고 자기의 자리가 있었다. 짐은 거대한 왕업을 받들어 선인들의 뜻이 어긋나지 않도록 감히 태만하지 않고, 내외적으로 안위하여 희망하는 대로 이루어지도록 밤낮으로 조심하고자 한다. 항상 사자를 보내 해외의 여러 번국을 교화시키고, 예의를 전수하여 화이의 습관을 따르게 한다."[97]

---

95) 『明成祖实录』卷二四.
96) 郑鹤声, 郑一均:『郑和下西洋资料汇编』(중책·하), 85쪽, 지난(济南), 齐鲁书社, 1983.
97) 郑鹤声, 郑一均:『郑和下西洋资料汇编』(중책·하), 856쪽, 지난, 齐鲁书社, 1983.

이러한 명성조의 생각은 명확하게 남양의 여러 번국에 전해졌다. 영락 10년(1412년) 정화가 세 번째로 서양으로 내려갔을 때에 코치(柯枝)국에 도착했다. 그는 코치국 국왕의 요청에 따라 인장(印章)을 하사하고 산(山)을 봉해주었다. 『늑석비문(勒石碑文)』에는 이런 내용이 있다.

> "군주의 덕화와 천지가 함께 조화를 이룬다. 천하에는 다른 이치가 없고 백성들은 다른 마음이 없으니 근심하고 슬퍼하고 기뻐하고 즐거워하고 동정하며 안일하니 의식이 풍족하고 생활이 안락하지 않겠는가. 군주와 백성은 응당 자신의 도리를 다해야 한다. 『시(诗)』에서는 '국경 천리라도 백성에서 끝나고, 나라의 영역은 사해를 망라한다'고 적혀있다. 『서(书)』에는 '동쪽으로는 바다, 서쪽으로는 유사(流沙), 남쪽으로는 석남(朔南)까지의 사해에 성교(声教)가 미친다'고 기록했다."
>
> "짐은 군림천하(君临天下)로 화이를 위로하고 통치하며 차별 없이 대한다. 고 성제명왕의 도를 시행하여 천지의 마음에 맞게 행한다. 멀리 떨어져 있거나 이역에 자리하고 있는 나라들도 소문을 듣고 귀화하려고 뒤질세라 앞을 다툰다."[98]

『명사(明史)』에서 이 나라는 남양의 국가들이 "소문을 듣고 귀화하려하는 본보기"가 되었는데, 중국의 전통예법제도의 수혜국이며, 이

---

98) 『明史·外国列传七』

속(夷俗)을 변혁시킨 성공적인 사례이다.

> 코치(柯枝)국은 멀리 서남쪽 바다 건너에 있다. 여러 번국 중에서도 중화의 덕행과 교화를 오랫동안 흠모했다. 명령이 하달되자 모두 기뻐 춤을 추며 순조롭게 귀화했다. 그들은 하늘을 우러러 참배를 하며 이렇게 말했다. "무슨 행운이 내려 우리가 이렇게 중국 성인의 가르침을 받는단 말인가!" 여러 해 동안 국내는 풍작을 거두고, 누울 집이 있고, 물고기와 자라를 배부르게 먹고, 입을 옷들이 풍족하다. 늙은이는 아이들을 자애롭게 대하고, 어린 사람들은 어른을 존경하니 희희낙락하고, 치열한 경쟁을 하는 습관이 없다. 산에는 맹수가 없고, 물에는 나쁜 물고기가 없고, 바다에는 기이한 보배들이 나타나고, 삼림이 무성하고, 모든게 번성하는 모습이 더욱 평범한 상황이 되었다. 폭풍우가 없고, 큰 비가 없으니 상해가 없고, 재해가 없다. 매우 번성한 모습이다. 짐의 덕이 그리 큰 것인가? 이는 현지관리들의 노력이 아닐까? 커이리(可亦里)를 국왕으로 봉하고, 인장(印章)을 하사해 백성들을 다스리고 위로하게 한다. 그 나라의 산을 진국(鎮国)의 산으로 한다.…**99**

여기에 묘사된 지역은 물질생활이 풍부하고, 인륜관계가 명백한 사

---

99) 『明史·外国列传七』

회이며, 사람들은 예교를 따르고, 천도의 생활에 순응하기에 자연과의 관계도 조화롭고 원만하다. 이는 천조질서와 예법문화의 세례 하에 한 나라가 도달할 수 있는 제일 이상적인 상태이다. 명성조가 건립하고 빛내려는 것이 바로 이런 국제관계시스템이었던 것이 확실하다.

3. 중국의 전통법률문화가 동남아시아에 미친 영향

사실과 역사서적에서 묘사한 이상적인 국가는 대체 얼마나 큰 차이가 있으며, 명성조가 구상한 천조질시가 넓은 동남아시아지역에서의 보급상황은 어떠했는가? 이는 상론할 가치가 있다. 정화가 남양에 도착한 후 강대한 무력장비를 뒷받침으로 '호전적인' 섬나라는 응당 "본분을 지키고 선을 넘지 말아야 하며, 적다고 무시하지 말고, 약자를 모욕하지 말아야 한다"고 경고 했다. 정화가 동남아시아의 여러 나라를 대하는 정책은 명성조의 일관적인 동남아시아 국제관계를 처리해야 한다는 주장에서 비롯된 것이다. 이 주장은 영락 5년(1407년)에 명성조가 동남아시아의 패권을 차지하기 위해 중국이 수마트라, 말라카 두 나라에 하사한 인장을 도둑질한 시암왕국에 내린 경고문이다.

> "점성, 수마트라, 말라카 모두 천조의 명을 받드는 서로 가까이에 위치한 나라들이다. 그런데 어찌 패권을 위해 같은 상황에 처한 나라의 인장을 빼앗는단 말인가? 천도가 있고 선량함은 복으로 답하고, 악에는 재앙이 따르기 마련이다. 안남 여적(黎賊) 부자의 실패 교훈이 있으니 이를 거울

로 삼아야 한다! 지금까지 본분을 지키고 화목하게 지냈던 상황을 유지하고, 영원한 태평을 누리기 위해 즉시 점성의 사자를 돌려보내고 수마트라, 말라카의 인장을 돌려줘야 한다."

여기서 말한 "본분을 지키고 화목한 상황"은 중국의 전통예법문화가 통치자에 대해 기본적으로 요구하는 것이었다. 이런 이념을 바탕으로 정화는 분쟁을 조정할 때 공정한 입장을 가지고 덕으로써 사람을 복종하게 만들었다. 따라서 당사국이 조정 결과를 흔쾌히 받아들일 수 있었고, "바닷길은 평안했고, 번인들은 본업에 충실할 수 있었다." 이렇게 정화는 동남아시아 국가의 존중을 받았던 것이다.

술루국[100]과 발니(渤泥)국[101]의 분쟁을 보자. 발니국의 국력은 미약하여 술루국의 침략을 받아 백성들의 생활이 매우 어려웠다. 발니국은 명나라에 귀순한 후, 중국의 보호를 받게 되면서 점차 안정을 되찾았다. 그들은 명조의 도움에 매우 고마워했다. 영락 6년(1408년) 발니국왕 왕마나야가나(王麻那惹加那)는 그의 왕비와 형제자매를 거느리고 배를 타고 중국을 방문했다. 같은 해에 중국에서 숨을 거둔 발니국왕 왕마나야가나는 영원히 천조의 땅에 묻혔다. 침략국인 술루국도 진심으로 경복(敬服)했다. 술루국 동왕(東王) 파도갈팔합라(巴都葛叭哈喇), 서왕(西王) 마합라갈마정(麻哈喇葛麻丁), 동왕(峒王) 파도갈팔라복

---

100) 술루국 : 술루 술탄국이라고도 하며 동남아시아의 필리핀, 말레이시아, 인도네시아에 존재했던 국가이다.
101) 발리국 : 보르네오섬 북단에 자리 잡은 브루나이 왕국을 뜻한다.

(巴都葛叭喇卜)은 영락 15년(1417년)에 아내와 자식들을 거느리고 중국으로 왔다. 중국에서 사망한 동왕(东王)은 중국 땅에 묻혔다. 이런 실례들은 동남아시아에서 명나라의 영향력을 입증해준다.

하지만 이런 상황은 오래가지 못했다. 동남아시아에서의 천조질서는 조선, 일본, 유구(琉球) 제국 등에서와 같이 오래 전해 내려오지 못했다. 이 사업은 명성조와 정화가 세상을 떠남에 따라 와해되었다. 동남아시아의 여러 나라는 더는 조공을 보내지 않았고, 명성조의 후임인 명인종(明仁宗)은 "서양으로 내려가는 보선(宝船)은 모두 서양으로의 항행을 중단하라"고 명령을 내렸고, "각 지역에서 번국으로 항행하게 될 선박에 대한 수리 및 제작을 중단하라"는 명령을 내렸다. 그리하여 중국의 해양외교 사업은 파산의 변두리에 처하게 되었던 것이다. 천조질서가 동남아시아에서의 실행이 실패한 원인은 역사의 필연이라고 할 수 있다. 이는 '문화 수출국'인 중국이나 '문화 수입국'인 동남아시아 여러 나라들이나 모두 이 관계를 유지할 필요성이 없었기 때문이었다. '문화 수출국'인 중국은 동남아시아지역에서 장기간 중국의 예법문화를 유지할 내적인 동력이 없었다. 우선 중국의 전통 예법문화는 중국 농업사회의 기초 하에서 건립된 것으로 농경사회의 보편적인 특징을 가지고 있었다. 이는 대외관계에서도 표현되었는데, "예로부터 사람을 설득시키는 것"이지 "힘으로 사람을 굴복시키는 것"이 아님을 제창하였다. 이런 특성을 가진 중국은 후세에 동남아시아를 침략한 서방의 열강들과 달리 문화수출을 "철저히 실행해야 한다는 강압적인 명령"이 없었던 것이다. 단순하게 "말과 행동으로 가르치는" 감화의 방식과 문화 수입국의 자주적 학습으로 완성되기에는 강력함이 너무나 부족했던 것이다.

다음은 지역적인 원인이다. 해양외교와 비교할 때 육상외교는 중국에 더욱 필요한 외교였다. 동남아시아의 여러 나라들은 중국과 멀리 떨어져 있으며, 그 시기 그들의 문명정도와 항해기술은 중국 대륙에 군사적인 위협을 형성하지 못하고 있었다. 상대적으로 중앙아시아, 북아시아의 소수민족은 중원 정권의 심복지환(心腹之患, 치명적인 화근 덩어리–역자 주)이었다. 육지에서 외교문제가 나타나면 격렬한 투쟁이 불가피하기에 전쟁은 재난을 초래하게 된다. 선비, 거란, 여진, 몽골 등 다른 민족이 중원에 입주했던 실질적으로 일어났던 경험을 잊을 수가 없었다. 명성조 시대에 해양외교가 급 발전하게 된 원인은 명성조 개인이 '예교천하(礼教天下)'의 위대한 업적을 추구했기 때문이며, 정화의 서양행 및 천조질서의 추진은 이를 위한 '금상첨화'로 명 왕조로서는 매우 중요시 여겼던 일이었다. 그러나 정화의 일곱 번에 걸친 서양 행은 그 비용이 너무 높았기에 통치자에게 있어서 이런 고액의 투자는 그 효과가 금방 나타나는 것이 아니었으므로 조정과 민간에서는 반대의 목소리가 나타났기 때문에 해상 외교는 중단될 수밖에 없었다. 명성조가 세상을 뜬 후 그의 후임인 인종황제는 직간하는 신하가 제기한 "국민을 혹사시키고 물자를 낭비하는 보선"을 서양에 보내는 행동을 중단해야 한다는 내용의 '간언'을 받은 데다가 인종황제는 그의 아버지와 같은 "웅대한 이상과 포부"가 없었기에. 그는 서양으로 내려가는 활동을 폐지하라는 명령을 반포했다. 명성조 시대에 이룬 해상에서의 업적은 이로서 중단되었고, 정화가 힘겹게 유지한 천조질서는 하루아침에 무너지게 되었던 것이다.

또한 '문화수입국'인 동남아시아 여러 나라는 중국의 전통예법문화가 뿌리를 내릴 수 있는 조건을 갖추지 못하고 있었다. 왜냐하면 중국의 전통예법문화는 농경환경을 바탕으로 하는데 비해 이러한 환경은 동남아시아 여러 나라의 문명과 큰 차이가 있었던 것이다. 위에서 언급한 바와 같이 세 가지 유형의 국가 중 첫 번째 국가형태는 문명정도가 매우 낮았기에 중국의 예법문화를 이식한다고 해도 별 쓸모가 없었다. 두 번째와 세 번째 국가의 유형은 이미 자국의 국정에 적합한 정치, 경제, 문화체계를 건립하고 있었기에 중국의 예법문화를 따르거나 이식할 필요가 그다지 없었던 때문이었다.

하지만 비록 동남아시아지역에 천조질서를 완전히 형성시키지는 못했지만, 정화의 서양 행은 중국의 전통예법문화를 널리 알리는데 크게 공헌하였으며, 또한 중국의 전통 예법문화가 동남아시아에 영향을 미쳤다는 사실은 의심할 여지가 없다. 이런 영향은 정화 함대의 왕래시기에도 그 작용을 했던 것이며, 훗날 남양으로 내려간 화인들에 의해 더욱 발전하여 동남아시아 각국문화의 중요한 구성부분이 되었다. 정화의 서양 행이 중국의 전통예법문화를 동남아시아에 전파한 상황은 주로 아래 몇 가지 사실로서 표현되었다.

(1) 역법, 의관(衣冠), 과거제도 등의 반포

역법, 의관, 과거제도는 중국의 주요한 전통 정교(政敎)제도이다. 이러한 제도가 동남아시아 국가에서 실행된 것은 중국의 전통 예법문화 전파의 중요한 내용이다.

　첫째는 『대통력(大统历)』의 전파이다.
　대통력은 명나라의 역법으로 왕력(王历)과 민력(民历) 두 가지로 분류하며 총 62개 사항이 있다. 이는 중국의 국가정치, 사회생활 및 봉건예속 등 각 방면을 기록한 것으로 정화는 도착한 지역에서 "중국의 정삭(正朔)을 반포"했다. 이는 해외 여러 나라들이 일상생활에서 "화이의 습관으로 고쳐" 중국의 풍속습관을 따르게 한 것이다. 이런 방법은 해외 여러 나라들의 문화 수준을 제고시켰음에 틀림없다. 15세기 초엽 대부분의 동남아시아 국가는 개화되지 않았고, 거의 무정부상태였다. 당시 자바 섬의 상황은 이러했다.

　　"강자가 승리하고 사람을 살해한 후 도망을 치는데 3일간 잡히지 않으면 사람을 살해한 대가로 목숨을 내놓지 않아도 된다. 만약 잡히면 즉시 죽인다. 나라에는 곤장으로 때리는 것과 같은 형벌이 없이, 사건이 엄중에 관계없이, 모두 약한 넝쿨로 두 손을 묶은 후 불랄두(不剌头, 작은 칼)로 요안(腰眼, 등허리)이나 늑연골(肋軟骨, 늑골의 앞쪽 끝부분에 있는 연골-역자 주)을 찌르는데, 이 곳을 몇 번 찌르면 곧바로 죽는다. 이 나라는 하루도 사람을 죽이지 않는 날이 없으니 상황이 심히 심각하다."[102]

---

102) 『瀛涯胜览·爪哇国』

야만적인 형벌을 실행하는 나라이니 그 나라 국민들의 미개 정도를 가히 알 수 있다. 이런 나라에서 중국의 역법을 실행하고 제일 기본적인 죄에 따라 형을 정하는 방법, 살인을 하면 살인자는 목숨을 대가로 해야 하는 방법 등을 보급해 최저한도로 백성들의 지혜를 개발하고 풍속을 개선했는데, 이는 매우 중요한 진보발전이라고 할 수 있다.

둘째는 관복의 배분이다.

명나라 정부는 동남아시아 국가에 관복을 주었다. 이는 문명정도가 비교적 낮거나 아직 개화하지 않은 국가의 풍속을 바꾸어 중국의 예의를 받아들이게 하는 의미가 있었다. 당시 정화가 하사한 관복을 받은 나라들로는 발니(渤泥), 시암, 자바 섬, 점성, 말라카(滿剌加), 석란산(錫兰山), 고리국 등이 있었다. 이는 명나라 정부가 주동적으로 하사했던 것이다. 영락 초년인 1403년에 말라카(滿剌加) 국왕은 사신을 보내 조공을 바치게 했고, 영락 3년(1405년)에 중국의 승인을 받았다. 비신(费信)의 『성사성람(星槎盛览)』에는 이런 내용이 있다. "영락 7년(1409년) 기축(己丑)일에 황제는 정사태막(正使太监) 정화에게 통일적으로 우두머리에게 은으로 된 관인(官印)과 관복을 하사하게 했으며, 비를 세워 도시 명을 명명하게 했는데 이를 말라카(滿剌加)라고 한다." 이에 따라 정화에게 관복을 하사받은 말라카 우두머리 바이리미수라(拜里米苏剌)는 일개 원시부락의 추장에서 한 나라의 군주가 되었다. 그의 궁전과 백관의 복식제도 역시 정화의 도움 아래 수립됐기에 중국의 명나라와 다름이 없었다. 원시사회였던 말라가는 하루아침에 봉건사회에 진입했던 것이다. 말라카의 역대 군주는 모두 중국의 은덕에 고마워했다고 한다. 중국의 역사서적 기록에 따르면 영락 9년부터 선덕(宣德) 8년(1411—1433년)사이에 말라카 국왕의 사신들이 중국을 15차례나 방문했으며, 국왕은 연속 5차례나 중국을 방문했다고 한다. 영락 9년(1411년) 바이리미수라(拜里米苏剌) 국왕이 직접 왕비와 왕자, 그리고 540여 명의 신하를 거느리고 중국을 방문해 두 달간 중국에 머물렀는데, 이는 제일 큰 규모로 중국을 방문한 경우였다.

바이리미수라의 중국 방문에 명나라는 "선박을 하사해 돌아가서 나라를 지키도록 했다." 또한 의관을 하사해 동남아시아 여러 나라들이 "예의라는 것은 모르고 옷을 입지 않는 상황"에서 "중화의 의관과 예의를 흠모"하도록 했다. 이는 문명을 제고시켰다는 중요한 의미가 있으며, 동남아시아 국가의 사회문명이 발전한 중요한 상징이 되었다.

셋째는 중국 서적의 증여이다.

증여한 서적은 중국의 전통 법률문화가 동남아시아에 영향을 미치는 과정에 중요한 역할을 했다. 정화의 보선(宝船)에는 만 권이 넘는 『고금열녀전(古今列女传)』 및 기타 중국 서적이 실려 있었다. 『명성조실록(明成祖实录)』에는 이런 기록이 있다.

> "영락 2년(1404년) 9월 신해(辛亥)날에 예부(礼部)에 『열녀전
> (列女传)』만 권을 보내 여러 번국에 하사하라고 했다."

명성조는 해외의 수많은 부녀들이 『열녀전(列女传)』을 통해 중국의 전통 문화의 하나인 삼종사덕(三从四德)[103] 등 순종하는 정신을 배우기를 희망했다. 그는 사회관계에서 제일 기초인 가정 관계를 조정하는 일부터 시작하여 "안팎으로 서로 실현"할 수 있도록 하는 등의 사회기풍의 개선을 통해 "사이순(四夷顺, 사방의 오랑캐들이 순종하도록 하는 일—역자 주)"의 목적을 달성하려 했다. 명나라가 해외에 책을 증여했다는 것은 동남아시아 국가에 중국의 언어문자를 통달한 사람들이 있었음을 말해준다. 주로 중국에서 이민한 사람들이었다. 또한 번역 능력이 있는 번인들도 포함되는데, 중국의 서적을 읽을 수 있으며, 평소 생활에서도 중국어를 사용하고 있던 자들이다. 이들이 있었기에 중국의 서적이 해외에서 읽을 수 있는 책이 될 수 있었다. 이 때문에 정화가 가져간 서적들이 "천서(天書)"로 남지 않게 되었던 것이다.

넷째는 과거제도의 반포였다.

이 정책은 명나라 초기에 시작되었다. 명태조(明太祖) 홍무 3년(1370년)에 과거제도를 다시 시작한다고 조서를 내림과 동시에 이 조서를 고려, 안남, 점성 등 나라에 보냈다. 고려와 안남은 중국의 전통적인 번속국(藩属国)으로 중화문화권에 속하지만 점성은 상황이 달랐다.

---

103) 삼종사덕(三从四德) : 옛날 여자가 따라야 할 세 가지 도리와 네 가지 덕을 말하는데, 삼종은 집에 있을 때는 (결혼하기 전에는) 아버지를 따르고(在家从父), 결혼하여 집을 떠나면 남편을 따르고(出门从夫), 남편이 죽으면 아들을 따른다(夫死从子)이고, 사덕은 부인이 마음씨가 고와야 하고(妇德), 말씨기 고와야 하며(妇言), 맵시가 고와야 하고(妇容), 솜씨가 고와야 한다(妇功)는 것이다.

『영애승람』의 기록에 따르면 점성은 전형적인 인도문화권 국가로 풍속습관은 중화문화와 거리가 멀었다. 점성에서 과거제도를 반포한 것은 중화의 전통문화를 해외에 전파하려는 시도였다고 할 수 있다.

(2) 중국의 전통예법 문화정신으로 국제분쟁을 조정

정화의 서양 행 과정에는 해적과 기타 각종 지방세력으로부터 많은 위협을 받았다. 정화는 출중한 군사적 재능으로 함대를 거느리고 하나하나 분쟁을 수습해 나갔다. 주요한 전투는 세 차례나 발생했었다. 하나는 정화의 처음 남양 행 시기에 발생했다. 당시 자바 섬의 동·서 두 왕이 전쟁을 일으켜 내전이 한창이었다. 전쟁에서 서왕의 부하는 정화의 사절단 인원 170명을 다른 사람으로 오인하고 살해했다. 서왕은 중국의 위력이 두려워 즉시 사절단을 보내 사죄하도록 했다. 명성조는 넓은 아량으로 그를 용서했으며, 양측은 자바 섬에서 황금 6만 냥을 배상하기로 협상했다. 그 후 자바 섬에서는 황금 5만 냥을 보내왔다. 명성조는 서왕이 주동적으로 책임을 다하려 하는 것을 보고 나머지 벌금을 면제해주었으며 더 이상 문책을 하지 않았다. 명성조의 이런 처리방식은 중국의 전통 법률문화의 하나인 관용(寬容)정신을 충분히 표현하는 것이며, 이 과정에서 중국은 존중을 받았다. 정화가 세 번째로 남양에 내려갔다가 귀국하던 도중에 석란(錫兰)[104]국과 충돌이 발생했다. 거만하고 횡포한 석란 국왕 야례쿠나이얼(亚烈苦奈儿)는 제멋대로 날뛰었다. 그는 함부로 정화의 함대를 공격했으며,

104) 석란국 : 스리랑카 남부에 있던 고대 국가.

동남아시아지역의 안전에 위협을 주고 있었다. 역사자료의 기록에 따르면 정화는 처음에 참는 태도를 보였다고 한다. 하지만 상대방은 먼저 "이웃 나라와의 화목을 깨뜨리고 여러 차례 왕래하는 사신을 강탈하여 여러 번국이 모두 위험을 호소"했기에 군중의 분노를 쌓았을 뿐만 아니라 그 후에는 재차 해적들을 모집해 정화의 함대를 공격하고 재물을 강탈했다. 그러자 정화의 함대는 반격을 시작했으며 왕이 있는 도시를 공격하고 야례쿠나이얼과 그의 가족, 그리고 그들의 우두머리들을 생포했다. 정화는 그들을 멍나라로 압송했다. 여러 군신들은 이들을 사형에 처해야 한다고 울분에 찬 목소리로 호소했지만, 명성조는 왕을 사면해주었을 뿐만 아니라 석란국 국내의 의견을 수렴하여 현자를 석란국왕의 자리에 앉히라고 예부에 명을 내렸고, "국사(国祀)[105]를 따르게 했다". 이듬해 야례쿠나이얼을 추방했다. 이번 일에서 명성조는 다시 한 번 "덕으로 사람을 복종하게 하는" 흉금을 보여주었고, 두 나라의 관계는 완화되었다.

정화 함대가 네 번째로 서양에 내려갔다가 돌아오던 도중 수마트라에서 위기에 봉착했다. 이번에는 수마트라의 전(前) 가짜 왕(伪王)의 동생인 수깐라(苏干剌)의 도발이었다. 역사자료에 기록된 바에 의하면 "정화가 처음에는 수마트라의 왕 자이뉘리아삐딩(宰奴里阿必丁)을 회유하느라 천과 돈 등을 주었는데, 그의 동생이 왕을 죽이고 왕위를 탈취하려 하기에 정화의 사신들이 이를 반대하자 그 동생은 무기를 들

---

105) 국사 : 고대의 제왕이 거행하는 엄중한 제사를 말하는데, 이 제사를 통해 사회질서를 유지보호하기 위해 '예'로써 사회에 널리 도덕윤리의 준칙을 알렸다.

어 함대의 군관들을 죽였다"는 것이다. 위기 앞에서 정화는 함대를 거느리고 수깐라를 물리쳤으며, 남발리(喃渤利)국에서 수깐라의 아내와 자식을 잡아 명조로 압송했다. 명성조와 대신들은 대역무도의 죄로 형부(刑部)에 넘겨 극형에 처하게 했다.

이처럼 모두가 정화의 함대를 위협했지만, 야례쿠나이얼과 수깐라의 결과는 완전히 달랐다. 수깐라가 극형에 처하게 된 원인은 주로 수깐라가 자신의 군주에게 "신하의 도리"를 행하지 않았기 때문이다. 명나라의 법률에 따르면 임금을 시해하는 것은 모은 죄 중에서 제일 엄중한 죄가 바로 반역의 죄였다. 그렇기 때문에 같은 군주의 자리에 있는 명성조로서는 이런 수깐라를 용인할 수가 없었던 것이다. 여기서 명나라가 동남아시아 여러 나라의 분쟁을 처리하는 과정에서 중국의 법률을 따랐음을 알 수가 있다.

(3) 동남아시아 화인들의 세력을 위로하고 강화시켰다.

정화의 서양행은 동남아시아지역에 거주하는 수많은 당인(唐人)들에게 영향을 미쳤다. 현지의 화인(華人) 우두머리의 지위도 날로 높아졌으며, 화인들의 발전도 보장을 받게 되었다. 구항(舊港)에 선위사(宣慰使)를 설립하는 등 정화 함대와 동남아시아의 화인은 서로에게 유리한 관계였다. 수마트라 섬에 위치한 구항은 지금의 팔렘방으로 정화의 서양행의 주요 거점이며, 물품을 보급하는 보급지였다. 원나라 시기 이 항구는 화인이 점거하고 있었다. 영락 3년(1405년)에 정화 함대가 처음으로 서양으로 내려가던 시기 구항의 화인 우두머리 양도명

(梁道明)은 정화를 도와 해적 세력을 물리쳤으며, 후에 양도명은 초안 (招安)[106]을 받아 고향으로 돌아갔고, 그의 조수 시진경(施进卿)은 화인의 우두머리가 되었다. 정화는 명성조의 동의하에 선위사라는 명나라시기 변경 소수민족의 자치 기구를 남양에 응용해 시진경에게 구항 선위사 직함을 수여했다. 구항 선위사는 반드시 명나라 정부가 위임한다고 확정하였다. 강대한 조국이 있었기에 동남아시아에서 화인들의 지위는 날로 높아 졌다. 화인들은 동남아시아의 상업을 통제했으며, 정치면에서도 더욱 큰 발언권을 가지게 되었다. 동남아시아가 식민지시대에 들어 선 후에도 식민지지배자들은 오랜 기간 동안 정치와 경제에서 화인들의 영향력을 완전히 무시할 수가 없었다.

이 상황에서 '분할통치'가 나타나게 된 것이다. 정화의 서양 행은 중국의 항해기술을 제고시켰으며, 남양을 깊이 있게 이해할 수 있는 계기를 만들어 주었으며, 이후 화인들의 동남아시아에서의 발전을 위한 받침돌이 되었다. 당인들은 집단적으로 동남아시아에 갔기에 동남아시아지역의 원래 모습을 변화시킬 수 있는 가능성이 있었고, 동남아시아 여러 나라가 정치제도, 경제제도, 사상문화 등 여러 방면에서 중국의 영향을 받을 수가 있었던 것이다.

---

106) 초안 : 불러서 위안하거나, 또는 불러서 귀순하도록 회유하는 것으로,. 곧 백성이나 야인들을 불러 복종시켜 난리를 획책하지 못하게 안심시키는 일.

제3장

전통예법과 해외화인사회

-중국의 전통 법률문화가 식민지시기 동남아시아에 미친 영향-

제1절

화인 자치와 화교 사법

정화의 서양 행 이후, 명나라와 청나라 두 왕조에 중국은 "폐관쇄국(闭关锁国, 관문을 닫고 쇄국하다), 삼엄해금(森严海禁, 바다에서의 항행을 엄금한다.)"등 소극적인 대외정책을 실시했다. 이와 동시에 서방 열강들은 거의 정화와 같은 시대의 항해 선배들의 개척정신을 이어받아 만 리 길도 마다하고 동남아시아까지 왔으며, 그들을 정복하고 점차 식민통치를 실행했다. '천조상국'과 서방 식민지배자 간의 세력 교체과정에 대해 『명사(明史)』에는 "1510—1511년 사이에 포르투갈은 말라카를 침략했다"고 명확하게 기록되었다. 영락 연간에 중국에 조정 요청을 보내왔던 조공의 '적극적인 나라'였던 말라카 국왕은 그의 삼촌을 중국에 보내 지원을 요청했다. 하지만 명무종(明武宗)은 이를 거들떠보지 않았고, "서책불랑기(敕责弗朗机, 포르투갈)에 땅을 돌려주라했고, 시암에게 여러 나라를 구제하라는 영을 내렸지만 이에 응하지 않아 말라카는 멸망되었다." 명나라는 자기의 번속국을 구제하기 위한 병사를 한 명도 보내지 않았다. 이 구절 역시 동남아시아에서 고대 중국의 마지막 모습이었다. 하지만 동남아시아로 이민을 가는 중국 사람들의 발걸음은 멈출 줄을 몰랐다. 동남아시아에서의 화인인구는 날로 증가했다. 식민통치 하에서의 상대적인 자치는 이

시기 동남아시아 화인사회의 주요 특징이라 하겠다.

개화 정도가 다르고, 인구구성이 복잡하고, 문화가 다양하게 발전한 동남아시아는 포르투갈을 선두로 스페인, 네덜란드, 영국, 프랑스 등 나라의 식민 지배를 받았다. 그들은 처음에 "분할 자치, 간접 통치"의 방법으로 행정과 사법에서 화인에게 일정한 내부 자치의 권리를 주고, 화인 우두머리를 통해 통치하면서 식민지 자원의 제일 합리적인 배치를 완성했다. 각 식민지국가에 대한 "다스리는 방법"은 달랐다. 포르투갈, 스페인, 네덜란드, 영국은 '갑필단(甲必丹)제도'를 실행하고 프랑스는 독특하게 '방장(幇长)제도'를 실시했다.

1. 갑필단

갑필단(甲必丹)은 네덜란드어인 "Kapitein"에서 온 것으로 우두머리라는 뜻이다. 이는 포르투갈, 스페인, 네덜란드, 영국 등 서방 식민국가가 동남아시아 여러 식민지에서 실행한 화교를 우두머리로 내세우는 제도였다. 식민지배자는 직접 현지에서 비교적 위신과 명망이 높은 화교 우두머리를 화인 갑필단으로 임명했다. 이들은 화교의 영도자 및 관리자로 임명되어 식민정부를 협조해 자치 범위에서 교민들의 사무를 처리하는 '관리'였다. 이런 속인주의 관할방식은 중국의 전통 법률문화를 화인사회에서 보존하고 계승하는데 중요한 작용을 했다.

갑필단을 설치한 것은 포르투갈이 제일 처음이었다. 포르투갈은 서방국가들 가운데서 제일 먼저 동남아시아에서 식민지를 개척한 국가이다. 또한 동남아시아 화인사회에서 처음으로 '간접통치'를 실행한 국가였다. 1572년 화인 정방양(郑芳扬)은 말라카지역의 초대 갑필단으로 임명되었다. 이렇게 처음으로 갑필단제도가 시작되었고, 그 후의 식민지배자들도 이를 본받았다. 포르투갈의 뒤를 이어 동남아시아에 발을 들여 놓은 서방세력은 스페인이었다. 그들은 필리핀지역을 통제했으며, 현지의 화인사회에 대한 간접통치 방법을 실시했다. 화인들의 3대 집거 중심지[107]의 하나인 마닐라에서 스페인 통치자들은 확실하게 갑필단제도를 실시했다. 화인들은 단독으로 규정한 거주구역인 파라스(帕罗斯)에 거주했다. 갑필단은 분쟁 조정, 세금 징수 등 각종 사무를 책임지고 관리하며, 화인구역에서의 식민통치자들의 앞잡이 노릇을 했다. 중대한 형사 안건이나 재산 분쟁이 있으면, 식민정부에서 지정한 두 명의 관리가 책임지고 심사를 했다. 갑필단은 여러 직업에 종사하는 화인들로 구성된 위원회에서 선출하고 스페인 정부에서 임명했다. 1590년 주필리핀 대주교 사라사(莎拉萨)는 스페인 국왕에게 보내는 보고에서 이런 간접 통치의 구체적 방법을 언급했다. "화인 관리를 임명해 화인을 다스리게 했다. 당시 쌍가(双哥)와 시원(施源) 두 사람이 정권을 장악했다. 두 사람 모두 천주교의 세례를 받았으며 머리를 기르고 중국 복장을 입었다."[108]

동인도지역을 통제한 네덜란드는 17세기 초부터 갑필단제도를 실시했다. 네덜란드에서 제일 먼저 바타비아에서 갑필단제도를 실시하자고 제기한 사람은 동인도회사 암본(安汶)지역의 우두머리 판·스뱌

---

107) 기타 두 중심 집거지역은 바타비아와 시암이다.
108) 吴凤斌: 『东南亚华侨通史』, 65쪽, 푸저우(福州), 福建人民出版社, 1994.

오얼터(范·斯彪尔特)이다. 1619년에 그는 이사회에 바치는 보고에서 현지 화인들 가운데서 우두머리를 선출할 것을 건의했다. 10월 동인도회사는 "현지 전체 중국인을 대표하는 성망이 있는 중국인인 소명강(苏鸣岗)"에게 화인의 민정사무를 처리하고, 인두세를 징수할 수 있는 권한을 부여 했으며, 만약 어려운 일이 있으면 회사가 결정하도록 했다. 이 우두머리는 1628년에 정식으로 '갑필단'으로 임명되었다. 갑필단 관청은 소명강의 개인 저택인 멍쟈르와(孟加露哇)거리에 위치해있었고, 회사에서는 12명의 네덜란드 병사를 보내 호위하도록 했다. 소명강과 당시 총독인 피터슨·쿤(彼得逊·昆)과 개인 친목이 있었고, 포르투갈어·말레이시아어를 할 줄 알았기에 소통에 문제가 없었으므로 선택되었다. 그 후의 갑필단은 모두 선임 갑필단이 추천하고 네덜란드 식민지배자들이 임명했다. 통계에 따르면 1619년부터 홍계참안이 발생한 1740년까지 동인도회사 식민지에는 총 11명의 화인 갑필단이 있었다. 그 중에는 소명강, 안이관(颜二观) 등 화인의 복지를 위해 노력한 갑필단도 있고, 제11대 갑필단 연복광(连福光)과 같이 욕망으로 넘쳐 화인들이 무척 미워한 소인도 있었다. 네덜란드 침략이 가속화되면서 갑필단제도는 광범한 동인도 각 지역에서 실행되었다.

1641년 네덜란드는 말라카에 있던 포르투갈 세력을 내쫓았다. 하지만 그들은 말라카의 갑필단제도를 유지했으며, 화인 노흠(卢钦)이 이 자리를 차지했다. 갑필단은 화인 우두머리라는 책임을 지는 한편 네덜란드인들과 직접 소통하면서 식민지 화인정책의 제정에 관한 의견을 제기했다. 예를 들면 갑필단 소명강은 네덜란드 동인도회사에 제안해 화공들의 일하는 시간을 매일 두 시간씩 줄였다. 그는 시장의 질서를 유지하고, 경제 사무를 관리했다. 예를 들면 바타비아에서 '되'나 '저울'로 장사를 하는 모든 상인은 갑필단 관저에 가서 검사를 받아야만 허가를 내주었으며, 이를 어기면 처벌을 내리는 방법으로 저울을 속이는 등의 불법적인 시장행위를 못하게 했다. 그는 행정사무를 관리했다. 네덜란드의 식민지배자들은 화인들에게서 인두세를 받아 갔는데 보통 갑필단이 화인들에게서 받아 일정 액수를 네덜란드 식민지배자들에게 바쳤다. 그는 또한 분쟁을 조정하고 사법관련 사무를 보았다. 바타비아 화인들 간의 민사 분쟁이나 경미한 형사안건은 갑필단이 책임지고 심리하거나 조정하며, 네덜란드인이 설립한 '성내 상급법원'[109]에 인계해야 할 화인 간의 안건에 대해서는 갑필단이 판사의 요구에 따라 안건의 증거와 중국 법률조문과 해결방법을 제공했다. 소위 "화인들의 언쟁이나 싸움 등의 사건은 갑필단이 처리하고" "큰 죄를 범했거나 결혼이나 생사에 관련된 사건은 모두 네덜란드에 신고한다."[110]는 방식이었다. 남양에서 통상 항을 개척한 영국의 세력은 주로 말라카해협 양안에 집중되어 있어 싱가포르, 말레이시아 등 지역에서 간접통치를 실시했으며, 화인 우두머리를 임명해 화인 내부의 사무를 처리하게 했다. 1792년부터 모든 화인 지역사회는 한 명의 우두머리를 임명해 경미한 안건을 처리하게 했다. 말라카에서 영국인은 포르투갈·네덜란드가 지배하던 식민시대에 현지에서 갑필

---

109) 1622년에 설립하고 1798년부터는 최고법원이라고 개명한 동인도사법행정의 최고기관.
110) 『海島逸志』.

단제도를 시행했으며, 싱가포르에서도 이 제도를 실행했다. 싱가포르에서 처음으로 항을 개설하던 초기에 갑필단을 선발했다. 당시 갑필단은 화교사회 각계에서 공동으로 추천했으며, 사법, 행정, 사회치안 관리 등 여러 방면의 권한을 가지고 있었다. 지연, 혈연 조직 등 각 집단이 각자 자기 집단의 "뇌진란(雷珍兰, Letnan, 갑필단의 조수)"을 두어 갑필단을 도와 화교사회의 질서를 유지하도록 했다. 1825년이 되어서야 해협식민지인 말라카, 피낭 섬 및 싱가포르 세 지역의 갑필단제도가 폐지되었다. 하지만 동남아시아 기타 지역인 영국령 식민지에서는 여전히 갑필단제도를 실시했다. 갑필단제도는 1930, 40년대에 이르러서야 영국 령 식민지의 역사무대에서 사라졌다. 비록 갑필단이 없어졌지만 간접통치정책이 끝난 것은 아니었다. 갑필단제도를 대신한 것은 종교 활동에서 비롯된 정장(亭长)제도였다. 정장은 혈연관계나 지연관계가 있는 집단의 우두머리로 예전의 뇌진란의 기능과 비슷했다. 정장제도가 나타나면서 화인사회 내부의 각 세력 집단은 각자 자치를 하게 되었고, 자신의 이익을 위해 서로 투쟁을 진행했기에 사회 치안에 큰 혼란을 초래했다. 1889년이 되어 영국이 해협식민지에서 직접통치를 하기 시작하면서 이런 상황이 일단락되었다. 영국 외에도 네덜란드의 갑필단제도도 변화가 일어났다. 네덜란드 동인도 회사 소재지인 바타비아 성에는 화인 공당(公堂)이 나타나기도 했다.

2. 화인 공당

바타비아의 화인들은 갑필단제도의 기초 하에서 화인 공당을 설립했다. 갑필단제도의 회복과 함께 초기 바타비아 화인들이 '회동의사 (会同议事)[111]를 통해 화교들의 중대한 문제를 처리하던 방식이 점차 제도화·구체화되면서 화인 공당이 설립하게 되었다. 1747년 홍계참안이 끝난 세 번째 해에 화인 공당이 설립되었는데 모양이 중국의 전통 공당(公堂, 정무를 맡아 보던 관아)과 비슷했으며 '파국(吧国)공당'이라는 이름을 가지기도 했다. 화인 공당에 관한 여러 공문서[112]는 네덜란드 레이던대학교(Universiteit Leiden) 한학원(汉学院) 도서관에 소장되어 있다. 내용이 풍부하고 상세하고 확실하여 학계의 주목을 받고 있는 이 자료는 중국 예법제도가 "화인 자치제도" 하에서 어떻게 운행되었는가를 연구하는 중요한 자료이며, 중국의 전통법률문화가 어떤 과정을 통해 화인지역사회에 남겨졌는가를 연구하는 중요한 근거이기도 하다. 화인 공당은 바타비아 화인지역사회의 행정과 사법의

---

111) 화인들이 모여 공무를 논의한 역사는 1656년으로 거슬러 올라 갈 수 있다. 갑필단 채환옥(蔡 煥玉)은 "갑필단청(甲必丹厅)"을 만들어 뇌진란과 공무를 논의했다. 18세기 초엽에 이르러 뇌 진란과 주갈초(朱葛礁·관리 명칭으로 지금의 비서와 비슷하다.)는 특정한 날자에 갑필단의 집에 모여 공무를 심리한다. 袁冰凌, [프랑스] 苏尔梦: 『雅加达华人公馆探源』, 『闽南文化研究』, 제2집, 1377쪽, 샤먼(厦门), 厦门市闽南文化研究所, 2002.

112) 중문과 외국어(네덜란드어, 말레이시아어)로 되어 있는 화인 공당에 관한 공문서는 약 천여 권 있다. 물론 중문이 대부분이지만 중문 자료에는 네덜란드어도 들어 있다. 이는 민남(闽南-복건 남부) 지방 특색과 해외 특징을 가지고 있다. 제일 오래된 자료는 1772년의 자료로 이 해에 최초의 "당인 성혼 등록표"가 있었다. 제일 마지막으로 남아 있는 자료는 1970년대의 자료이다. 이 자료들은 9개 종류로 나뉘어 있으며 화인 공당일상공문문서, 화인 공당회계장부, 공안부, 혼인부, 호적관련의 자료[호구부와 신객부(新客簿)], 총지부(冢地簿), 종교관련 문서[『금덕원부 (金德院簿)』, 『안휼대백공묘1907년제연부(安恤大伯公庙1907年题捐簿)』, 『완겁사1871년지조부(完劫寺1871年地租簿)』, 『1890년중수관음정제연부(1890年重修观音亭题捐簿)』과 『1968년주건불교총당적제연부(1968年筹建佛教总堂的题捐簿)』], 문교, 사단 공문서와 기타 공문서 등이 있다. 袁冰凌, [프랑스]苏尔梦: 『雅加达华人公馆探源』, 『闽南文化研究』에 실림, 제2집, 1377~1378쪽, 샤먼, 厦门市闽南文化研究所, 2002.

중심이다. 아래의 내용은 화인 공당의 행정·입법 및 사법 기능에 관한 소개이다.

(1) 행정 입법

치안과 행정관리의 필요에 따라 화인 공당은 자기의 직권범위 내에서 입법의 권한을 가지고 있었다. 1832년 8월 공당은 당인에 관한 조례 36개 조항을 제정했다. 『공안부(公案簿)』에는 이런 기록이 있다. "공당은 당인 관련 조례 63개를 제정하는데, 갑필단, 뇌진란 빛 주갈초의 관할 범위내의 모든 바타비아에 있는 당인들은 반드시 이를 지켜야 한다."[113] 하지만 구체적인 내용은 『공안부』에서 찾을 수 없으니 유감이다. 1847년 12월 공당은 재차 『당인19조규칙(唐人十九条规矩)』을 발표했다. 네덜란드 식민정부는 마요(妈腰) 진영원(陈永元)이 화인지역사회의 치안과 민풍 및 "네덜란드사람을 멸시하는" 등의 상황이 존재하는 것에 불만을 표한 적이 있었다. 이에 마요(妈腰) 진영원(陈永元)은 공당 이사회가 민중·가족 연장자들이 후손들에 대한 교화가 부족하다고 여겨 이 규칙을 제정했다. 이 규칙에 따라 화인들이 "지금부터 각계에서는 권계(勸戒, 타일러 훈계함)와 감화를 잊지 말고 실시해야 하며, 당인들을 관할할 때에는 주부자(주희, 朱夫子, 朱熹)의 격언을 따르고, 가훈을 만들 것을 진지하게 경고하며, 아버지는 아들을, 형은 동생을 가르치고 깨우치게 하여 자제들이 아버지와 형들의 말을 따르고, 네덜란드 사람들을 존경해야 한다"고 했다.

---

113) 聂德宁, 侯真平, [네덜란드]包乐史等: 『公案簿』, 제3집, 23쪽, 샤먼, 厦门大学出版社, 2004.

구체적인 내용은 다음과 같다.

1. 자제가 있는 가정은 반드시 부모에게 효도하고 형제간 우애가 있어야 하며 어머니도 존경해야 한다.
2. 아침저녁으로 문안을 해야 한다.
3. 나갈 때는 반드시 아뢰고, 돌아오면 반드시 얼굴을 뵌다.
4. 나가도 자주 가던 곳을 가야 한다.
5. 말은 온순하게 해야 한다.
6. 조심스럽게 행동해야 한다.
7. 윗사람과 어른을 존경하고 스스로 낮은 자세를 취해야 한다.
8. 참고 견디며 너그럽게 받아들여 언쟁을 하지 말아야 한다.

1. 밖에서 나쁜 친구를 사귀지 마라.
2. 술에 빠지지 마라.
3. 사욕에 어두워 의리를 저버리지 마라.
4. 남에게 손해를 끼쳐 자신의 이익을 도모하지 마라.
5. 부모형제는 자제가 흠모하도록 할 수 있게 행동하며 자제들을 교화해야 한다.
6. 관계에서 반드시 중후하게 대해야 하며 사람을 예의 있게 대해야 한다.
7. 우매하지 말고 항상 공손해야 한다.

8. 길을 걸을 때에는 남좌여우(男左女右)로 걸어야 한다.

9. 소박한 옷차림이여야 한다.

10. 검소하게 음식을 먹어야 한다.

11. 규칙을 준수해 도를 지켜야 한다.

또한 말을 탔거나 마차를 탔을 때 앞에 차나 말이 있다면 앞서 나가지 말아야 한다. 만약 승려를 만났다면 흠복(欽服, 진심으로 존경하여 따르는 것)해야 한다. 만약 네덜란드 사람이 뒤에서 오면 옆으로 길을 피해주어야 하며, 앞에서 가면 안 된다. 만약 왕이 앉아 있는 것을 보았다면 멈추어 예를 갖추어야한다. 우리 당인들이 여기에 자리를 하게 된 것은 네덜란드의 은덕이 있었기 때문이다. 만약 범위 내에서 이 규칙을 준수하지 않는 자가 있으면, 빠른 시일에 와서 알려야 하며 즉시 그 죄를 물어야 한다. 관대하게 대해서는 안 된다. 타인을 공경하는 사람만이 타인의 공경을 받을 수 있는 것이다. 이에 특별히 고지하는 바이다.”[114]

상술한 내용으로부터 「당인 규칙」은 유가사상의 기본원칙인 “효자충신”을 따랐음을 알 수 있다. 바타비아 화인들은 가정에서의 ‘효제(孝悌)’로부터 교화를 시작해 행동을 규범화했다. 즉 남녀는 “객지 사

---

114) 吴凤斌, [네덜란드]陈萌红, 包乐史 등 『公案簿』, 제5집, 228~230쪽, 샤먼, 厦门大学出版社, 2005.

람"으로서의 본분을 지켜 네덜란드 식민지배자들을 존경해야만 "도를 이를 수 있다"는 것이었다. 당인에 대한 규정 외에도 공당에서는 구체적인 업계의 규칙을 공포했다. 『공안부(公案簿)』에는 치장(治葬)과 관련한 상세한 조례가 기록되어 있다. 1844년 10월 총 8개 조항의 『공당정승조묘지조규(公堂定承租墓地条规)』가 반포되었다. 구체적 내용은 다음과 같다.

1. 사시관(舍施棺)을 총(冢, 무덤)에 가져간 후 증명서가 있으면 매장할 수 있는데, 석회 2단에 모래를 충분히 사용해야 한다.(一. 凡舍施棺到冢, 有单便可埋葬, 须灰二担, 配沙足用, 免还其项)

2. 둥근판(圓板)을 사용하면 석회 3단(担)을 한통도 줄이지 말고 충분한 모래를 사용해야 하며, 가격은 뇌(雷) 5굴덴(gulden, 이전의 네덜란드 화폐 단위)이다. 얇은 널반지(板)는 석회 2단에 충분한 모래를 사용하며, 가격은 뇌 2.5굴덴이다. 만약 작은 둥근판을 사용하면 석회 1단에 충분한 모래를 사용해야 하며, 가격은 뇌 1.5굴덴이다. 작고 얇은 널빤지를 사용한다면, 석회 1단에 충분한 모래를 섞어야 하는데, 가격은 뇌 1굴덴이다. 천을 사용한다면 지불할 필요는 없지만 석회와 모래를 사용해야 한다. 만약 치장자가 석회와 모래를 추가하려 한다면 다른 곳에서 가져올 수 있으며, 세를 받는 주인은 이를 막지 못한다.(二. 凡圓板须用

灰三担, 不得减于一桶, 配沙足用, 价雷5盾. 又薄板用灰二担, 配沙足用, 价雷2.5盾. 如是小圆板, 用灰一担, 配沙足用, 还雷1.5盾. 又小薄板, 用灰一担, 配沙足用, 还雷1盾. 惟布包, 免还其项, 亦须配灰, 沙. 若治葬者要加用灰, 沙, 任从别处采用, 税主不得阻挡)

3. 세를 받는 사람은 풍수를 하려는 사람을 반대하지 말아야 한다. 풍수가격의 1%를 세를 받는 사람에게 주어야 한다. 너비가 12각거(脚距) 길이가 24각거이면 6.77굴덴, 너비 16각거 길이 32각거이면 20굴덴, 너비 20각거 길이 40각거이면 54.12굴덴, 너비가 24각거 길이가 48각거이면 121.85굴덴을 지불한다.(三. 凡要自做风水者, 税主不得阻止. 须照风水价贴甲一八仙(1%), 付与税主取利:阔12脚距, 长24脚距, 还6.77盾 阔16脚距, 长32脚距, 还22盾 阔20脚距, 长40脚距, 还54.15盾 阔24脚距, 长48脚距, 还121.85盾.)

4. 원임 갑필단, 뇌진란, 무직미(武直迷), 주갈초 등이 묘를 지어야 한다면 세를 받는 사람은 공반아(公班衙, 회사)에 위탁해 진행해야 하며, 매인당 식사비용으로 뇌 15를 회사에 맡겨 처리하게 한다. 만약 공반아가 부족해 치장자가 다른 일꾼을 청한다면 여기에 해당되지 않는다. 세를 받는 주인은 필요한 일꾼을 청해야 한다. 치장자는 응당 시세에 따라 약간의 임금을 갚아야 한다.(四. 凡原任甲必丹, 雷珍兰, 武直迷, 朱葛礁, 倘有要筑坟墓, 税主须吊公班衙番付用, 每工贴伙食雷15只, 交付公司支理. 如公班衙番不足用, 治葬者要另请别工, 则不在

此例. 税主须代为请工, 付其足用. 工资若干, 治葬者须照行情理还.)

5. 포여사(褒黎司-경찰국-역자 주)의 명령이 있거나 도로를 건설해야 하는 상황이 있으면 세를 받는 주인은 반드시 공반아(公班衙-회사-역자 주)의 도움을 받아야 하며 반드시 명에 따라 행동해야 한다. 만약 낡은 묘지나 사시지(舍施地)를 점용해야 하는 상황에서 육친이 모두 없다면 벌초를 하고 반듯하게 닦아 놓는다. 청명절에도 마찬가지이다. 도움을 준 사람들 모두 임금을 반환받지 않는다.(五, 凡褒黎司有令, 或要修路等情, 税主须吊公班衙番相助, 务必遵命而行. 至若旧坟及舍施地, 六亲俱无者, 须扫除其荆棘, 亦宜填补荡平, 每逢清明节亦然也. 所有相助之人, 俱免还工资.)

6. 사람이 죽은 후 매장을 하려하고 명세서가 있으면 편의를 제공해줘야 하며 고의적으로 괴롭히지 말아야 한다. 치장을 한 후 회사(灰沙)가 채 마르지 않아 사람을 남겨 지키게 해야 한다면 세를 받는 사람은 응당 사람을 구해 묘지를 지키게 해야 하며 매일 밤 일당으로 1굴덴을 지불해야 한다. 만약 이를 어기면 율법에 따라 죄를 물어 벌을 내린다.(六, 凡人民要归土, 有单者, 须开圹方便, 不得刁难. 倘治葬之人, 因葬后灰沙未干, 要请人看守者, 税主务宜请付, 以便守墓, 每日夜工雷1盾. 如有违约, 则按律治罪.)

7. 대주(大朱), 이주(二朱)와 이달(二达) 씨 사례에 따라 매달 50굴덴을 바치고 세를 받는 주인은 응당 갚아야 한다.(七,

大朱, 二朱并二达氏事例, 每月共50盾, 税主务必理还.)

8. 이 계약의 내용은 상세하다고 할 수 없기에 보충할 부
분들이 있다. 세를 받는 주인은 응당 이를 지켜야 한다.(八,
此合约内, 尚不及细详, 须要添补, 税主亦须从命而行.)[115]

이 규칙은 공당에서 특히 화인들의 상장(喪葬)례를 위해 제정한 것
으로 세를 받는 주인과 치장자(治葬者)의 권리와 의무를 상세하게 규
정했고, 이를 위반한 자에 대해서는 "율법에 따라 죄를 묻는다"고 했
다. 『공안부(公案簿)』에는 1855년 10월에서 12월 사이 네덜란드 식민정
부와 화인 공당이 주고받은 치장법규 반포에 대한 내용의 편지가 기
록되어 있다. 이런 자료는 네덜란드 식민정부가 화인 관련 법규제정
의 기본 과정을 보여주고 있다.

(2) 사법

사법권은 화인 공당 권리의 중요한 구성부분으로 화인 공당이 나
타나기 전에 이 권리는 화인 갑필단이 가지고 있었다. 1619년 바타비
아 화인 갑필단이 처음 설립되었을 때 사법권은 그의 권리의 하나가
되었다. 초임 갑필단 임명장에는 이런 내용이 적혀 있다. "지금 이 곳
에 사는 화인은 400명이 넘는다. 우리 네덜란드인들의 보장 하에 특
히 법률과 질서 유지와 강화를 위해 수령(首领)으로 임명하는 바이

---

115) 侯真平, 聂德宁, [荷]包乐史 등: 『공안부(公案簿)』, 第4辑, 53~54쪽, 샤먼, 厦门大学出版社,
2005.

다." 화인 갑필단은 "모든 민사를 처리할 수 있는 권한을 가지고" 있는데 이는 갑필단에게 민사 사법권을 부여한 것이다. 사실 화인 갑필단은 형사사건과 중대한 경제안건 외의 모든 안건을 처리했다. "화인들 사이의 말다툼, 구타사건은 갑필단이 문책한다. 무릎을 꿇지 않고 읍하며 만생(晩生)이라 한다. 그는 시비곡절에 즉시 결단을 내리고 체포하거나 매를 내리는 형을 결정한다. 큰 죄를 범했거나 시집·장가나 생사에 관련된 사건은 네덜란드 측에 보고한다."[116] 화인 공당이 건립된 후 이 권리는 화인 공당에게로 이전되었다.

화인 공당 설립 초기 특히 네덜란드 동인도회사 집정시기에 화인 공당은 상당한 사법 권한을 가지고 있었다. 흉악 살인 등 악성 형사안건 외의 기타 경미한 형사안건, 민사, 혼인 분쟁 등은 화인 공당에서 자체적으로 해결했다. 시간이 흐르면서 화인 공당의 사법권도 점차 줄어들었다. 19세기 초 동인도회사가 무너지고 바타비아로 돌아온 네덜란드 식민지배자의 통치를 하게 되면서 상황은 점차 변화되었다. 이 시기 네덜란드 식민지배자는 네덜란드의 회사법, 유산계승법 등 여러 법령을 바타비아 여러 민족이 통일적으로 적용하게 했기에 화인 공당의 사법권한은 점차 줄어들었다. 예전에 화인 공당에서 자체로 심사처리 하던 안건을 전문 관리하는 기관들인 내외담(內外淡), 난더리(兰德力), 아이스롄(挨实连, 네덜란드어로 현지에 있는 관리)의 명을 받아 처리하는 등 상황이 나타났다. 1824년 6월~1829년 5월 사이에 이런 유형의 안건은 30여 건이었다. 1832~1834년의 『공안부(公案簿)』의

---

116) 王大海: 『海岛逸志』, 姚楠, 吳琅璇 주석, 4쪽, 홍콩, 学津书店, 1992.

기록에 의하면 회인공당이 자체로 수리한 안건 수량은 위에서 지정해 내려 보낸 안건보다 훨씬 많았다. 이렇게 화인 공당의 자주적 사법권은 급속하게 줄어들었다. 1854년 이후『공안부(公案簿)』의 내용에는 심사만하고 판결하지 않는 현상들이 대폭 많아 졌다. 마무리 지은 안건에도 "난더리(兰德力)에게 보고해 결정한다"거나 "아이스롄(挨实连)에 보고해 결정한 후 시행한다"는 글이 적혀 있다. 하지만 1928년 네덜란드 인도 정부 참의회(参议会)회에서 화인들의 관할권을 폐지하는 법률을 통과시키면서 화인 공당의 심판권은 정식으로 사라졌다.

화인 '사법자치'가 존재했던 300여 년간 줄곧 네덜란드 동인도 법률문화와 중국의 전통 법률문화의 공동 제약을 받았다. '화인 자치'는 네덜란드 식민지배자들이 처음 온 고장에서 어쩔 수 없이 취한 방법으로 중국의 전통 법률문화가 화인사법에서 활용되었기에 필연적으로 바타비아에서의 네덜란드 식민지배자들의 경영시간과 반비례되기 마련이다. 하지만 길고긴 역사의 과정에서 성질이 다른 두 가지 법률문화는 겨루기도하고 융합되기도 하면서 화인 공당의 심판원칙과 법률절차의 본질을 보여주었다.

예를 들면 심판원칙은 화인 공당이 안건 재판과정에서 실체법과 과정법을 적용할 때 보통 "당률당규(唐律唐规)"를 중점으로 하고 네덜란드 동인도 법률을 보충하는 것으로 했다. 화인 공당에서 안건을 심사처리하는 관리나 소송의 주인공인 원고와 피고 모두가 화인이었다. 화인 공당에서는 화인 우두머리 갑필단과 그의 조수 뇌진란(雷珍兰)이 안건을 심사 처리했다. 이런 화인 우두머리는 일반적으로 현지 태생의 화인으로 가정에서 중국의 전통 교육을 받았기에 그의 '통치술' 역시 중국사회의 낡은 전통을 이어 받았다. 사법 면에서 『명률(明律)』과 『청률(清律)』을 따랐다고 하기보다는 "정(情), 이(理), 법(法)"으로 이루어진 중국의 전통 법률문화의 지혜를 따랐다고 할 수 있다. 『공안부(公案簿)』에는 관련 사례들이 지금도 보존되어 있다. 1788년 8월 남동(蓝东)이 남전(蓝铨)을 고소한 사건을 심사하던 날 중요한 증인인 양교(杨教)가 출석하지 않아 시비를 가릴 수가 없었다. 당시 두 명의 뇌진란는 이런 판결은 내렸다. "시비를 가리기 어려우나 만약 조카뻘이면 응당 삼촌뻘의 뜻에 따르고 잘못을 인정해야 한다." 또한 법정에서 남전이 남동에게 머리를 조아려 절을 하며 잘못을 인정해야 한다고 했다. 이 안건의 판결 표준은 중국의 존비(尊卑)가 서로 저촉되는 풍속을 따른 것으로 사건의 옳고 그름을 정확하게 가르지 못한다면 사람들은 '법'에 복종할 수 없었다. 따라서 윤리적 시각에서 시작해 조카는 응당 삼촌에게 사과해야 한다고 사건은 종결했다. 하지만 시간이 지남에 따라 이런 상황은 점차 변화되어 네덜란드 동인도 법률이 법정사건 심사의 준칙이 되었고, 중국의 전통법률은 점차 입지를 잃어갔으며, 화인사회와 외부의 경계가 타파되면서 화인 전통 법률도 국가 법률문화의 일부분이 되었다.

소송의 주체에서 바타비아 부녀들은 남성들과 마찬가지로 완전한 소송능력을 가지고 있었기에 중국의 국내 여성들보다 높은 지위를 가지고 있었다. 하지만 바타비아 사회 규칙에서 여성의 지위는 여전히 남성들과 대등하지 못했다. 지금 현존하는 역사자료에서 바타비아 관련 문자기록에서 처음으로 나타난 중국에서 온 화인 부녀는 1699년 정월 바타비아에 도착한 왕계(王界) 부부로 왕 씨의 처인 정 씨였다. "자연스럽고 단정한 모습이고 옷은 바타비아 사람들과 판이했다." 이런 옷차림에 사람들이 에워싸고 관람했으며 네덜란드 식민지배자의 특별 접견을 받았다.[117] 『공안부(公案簿)』의 기록에 나오는 화인 부녀는 화인 남성과 결혼한 동남아시아 토족 여성이거나 화인 남성과 토족 여성이 낳은 딸이었다. 이런 여성은 화인 인구의 중요한 구성 부분이었다. 명청(明淸)시대 중국의 국내여성은 "모반(謀反), 반역, 자손불효 혹은 자신 및 함께 동거하는 상황에서 재산을 사취·약탈당했거나 살상 당한 상황" 외의 소송 능력을 제한받았던 상황과는 달리 바타비아 부녀들은 완전한 소송능력을 가지고 있었다. 『공안부』의 기록에 따르면 1787년 11월부터 1788년 11월인 건륭(乾隆) 52년부터 53년까지의 1년 사이에 화인 공당에서 수리한 안건 중 부녀가 원고인 안건은 12건(부녀가 독자적으로 소송을 한 안건은 11건)이었으며, 부녀가 피고인 안건은 9건(여성이 독립적으로 피고인 안건은 2건)이었으며, 원고와 피고 모두 여성인 안건은 2건이었다. 이 안건들은 혼인·재산 및 말다툼 등의 소송이었다. 특히 혼인 소송에서 여성이 이혼을 요구하는 소송은 『공안부』에 적지 않게 나타났다. 예를 들면 1825년 바타비아 공당에서 접수한 혼인소송 안건은 11건이었는데, 그중에서 여성이 제기한 안건은 아래의 표에서 볼 수 있는 것처럼 8건이었다.

117) 许云樵: 『开吧历代史记』, 『南洋学报』, 1953(9—1).

번호	원고	피고	사유	비고
1	심찬랑(처) 沈灿娘(妻)	엽면(부) 叶绵(夫)	부부 분쟁(가정 빈곤)	제2심(화해)
2	진기랑(처) 陈奇娘(妻)	이복수(부) 李福寿(夫)	부부 분쟁(가정 빈곤)	이 씨가 법정에 나타나지 않았음.
3	진민랑(처) 陈敏娘(妻)	임삼아(부) 林三牙(夫)	부부 분쟁(방탕하고 다른 여자를 아내를 맞이하고 일을 하지 않는다.)	다섯 차례의 (이혼)심사에서 피고 임씨는 진민랑을 반소했다.
4	임진랑(처) 林进娘(妻)	요수원(부) 廖寿元(夫)	부부 분쟁(이혼)	제2심(이혼)
5	임응랑(처) 林应娘(妻)	양덕상(부) 梁德祥(夫)	부부 분쟁(이혼)	제2심(이혼)
6	오근랑(처) 吴根娘(妻)	임도근(부) 林度谨(夫)	부부 분쟁(이혼)	이혼
7	채망랑(처) 蔡望娘(妻)	진광선(부) 陈光宣(夫)	부부 분쟁(구타, 다른 여자를 아내로 맞이했다.)	제2심(화해)
8	임부랑(처) 林富娘(妻)	진유수(부) 陈流水(夫)	부부 분쟁(부양비)	이혼

이들 8개의 안건에서 5개는 이혼으로 판결을 내렸다. 여기에서 바타비아 화인사회는 중국 국내와 달리 부녀는 독립 주체 신분으로 타인, 심지어 자기의 남편을 고소할 수 있었음을 알 수 있다. 상술한 표에서 화인 공당은 여성이 '빈곤'과 "다른 여자를 아내로 맞이한 상황" 등의 원인으로 이혼을 요구했을 때 이혼이라는 판결을 내렸다. 이로부터 화인 공당은 이런 여성들의 손을 들어 주었다는 사실을 알 수 있다. 화인지역의 사회풍속은 완전하게 "삼종사덕(三从四德)", "출가하면 남편을 따라야 한다"는 것을 요구하지 않았으며, 여성은 혼인에서 일정한 자주권을 가지고 있었다. 하지만 "당율당규(唐律唐规)"는 "남

존여비(男尊女卑)"의 속성을 가지고 있었기에 부녀는 많은 안건 특히 혼인가정 안건에서 여전히 법률적으로 차별대우를 받았다.

1851년 10월 24일 나덕춘(罗德春)이 그의 아내 장화랑(张和娘)을 고소한 이혼안건을 예를 들어 보자. 나덕춘은 그의 아내 장화랑을 이렇게 고소했다. "결혼 3년이 지났으나 생육을 하지 않았고, 올해 7월부터 지금까지 소인이 앓아누워 있는 동안 제대로 돌보지도 않았을 뿐만 아니라 밥도 해주지 않았다. 그녀는 내가 싫어하는 기색을 보이자 옷을 가지고 떠났다. 그녀가 외삼촌의 집에 있다는 소문을 듣고 찾아갔으나 그곳에 없었다. 이렇게 어질지 못하니 이혼을 요구하는 바이다." 이에 장화랑은 이렇게 변명했다. "남편과 시어머니는 여러 차례 욕설을 퍼부었고 내쫓기도 하여 너무 난감하여 어쩔 수 없이 집에서 나와 외삼촌한테로 갔을 뿐 다른 곳에는 가지 않았다." 이에 공당은 이렇게 결론을 내렸다. "아내를 얻는 것은 부양하는 것이기도 하지만 남편이 병에 걸려 일어나지 못하는 상황에서도 이를 무시하고 떠나갔다는 것은 부인의 도리를 다하지 않은 것으로 칠출(七出, 칠거지악 : 아내를 내쫓는 이유가 되는 일곱 가지 사항으로 유교사상에서 나온 제도)을 범한 것으로 이혼을 허락한다."[118] 이를 통해 '칠출'이 여전히 화인의 이혼 안건을 판결하는 법리 근거로 하고 있음을 알 수 있다.

하인들은 보통 소송 능력이 없으며 법률관계에 있어서 객체일 뿐이었다. "바타비아의 모든 하인들은 자신의 주견이 있어서는 안 되며 모든 것은 주인의 뜻에 따라야 했다. 자기의 물건이 있어서는 안 된

---

118) 聶德宁, 侯振平, 吴凤斌: 『公案簿』, 제7집, 274쪽, 샤먼, 厦门大学出版社, 2007.

다. 입고 있는 옷과 먹는 음식 역시 주인의 것이기에 주인이 수시로 가져갈 수 있다. 다만 굶어 죽이지 않으면 된다. 노비는 마음대로 주인을 바꾸어서는 안 된다. 노비는 자손만대 모두 노비다." 하지만 주인은 "무턱대고 마구 때려서는 안 되며⋯사사로이 살해할 수 없다. 이를 어기면 좋은 사람을 죽인 죄를 범하게 된다."[119] 1790년 5월 유기(刈器)가 한태(韓台)와 한후(韓厚)를 고소한 안건에서, 유기는 한후의 딸과 혼인을 하려고 한후에게 허락할 것을 요구했고, 한후는 이에 합의한 후 서로 예물을 주고받았다. 하지만 이 결혼은 한 씨네 친척들의 반대로 진행될 수가 없었다. 그러자 유기는 한 씨 집안을 공당에 고발했다. 한태(韓台)는 한후의 남편 한원(韓院)이 생전에 유기의 요구를 거절했으며, 한후가 비록 딸아이의 어머니라고 하지만 노비출신이기에 "노비 출신이 어찌 자신의 뜻이 있단 말인가?"라고 했다.

화인 공당에서는 한후가 "여전히 노비의 신분이기에 그녀의 말을 채택하지 않는다"는 이유로 이 혼인을 진행할 필요가 없다고 판결을 내렸다. 한후가 자신의 딸 혼인에 다른 보통의 어머니처럼 허가를 할 수 있는 권리가 없었던 원인은 그녀가 그런 자격이 없는 노비신분이기 때문이었다. 하인들이 물건처럼 간주되는 상황이 적지 않게 발생했던 것이다. 1787년 11월 "왕린(王邻)이 종래(钟来)를 고소한 사건"에서, 종래는 왕린이 구매한 남자 하인을 바다에 빠져 죽게 했다고 종래를 고소했다. 하지만 이 안건의 소송 이유는 왕린이 "천리 멀리에서 피땀 흘리며 힘들게 하인을 데려왔는데 본전도 못 찾았다"는 것이

---

119) 瓦尔特·亨利·美都思 : 『咬留吧总论』.

었다. 왕린은 공당에서 종래가 그의 경제적 손실을 보상해 줄 것을 요구했을 뿐, 종래의 형사적 책임은 묻지를 않았다.

사법 절차 방면에 관해 『공안부』의 안건 기록으로부터 화인 공당의 안건 심사 처리의 일반 절차를 알 수 있다. 먼저 원고가 고소를 하면 법정에서 관련 안건의 전말과 소송 요구를 설명하게 된다. 다음에 피고는 원고가 제기한 여러 가지 고소 원인에 대해 답변한다. 만약 증인이 있으면 증인이 입증하고, 판단하기 어려운 안건이면 신명(神明. 하늘과 땅의 신령)에 의한 재판 즉 맹세의 방법으로 시비를 판단했던 것이다. 그런 다음 공당의 합의를 거쳐 재판을 했다. 공당이 '검찰'과 '심판'의 기능을 다 했기에 법률절차는 별 차이가 없었다. 주로 아래 세 가지의 절차가 포함되었다.

1. 수리(受理) 절차

화인 공당 안건의 사법절차의 시작은 수리에서 시작된다. 『공안부』의 기록에 따르면 화인 공당에서 안건을 수리하는 방식은 주로 세 가지가 있었다.

첫째, 당사자가 직접 스스로 소송을 제기하여 수리하는 경우.

당사자는 직접 구두로나 서면으로 소를 제기할 수 있다. 구두로 소송을 할 경우 주갈초(朱葛礁)가 이를 기록하는데, 이를 "규(叫)"라고 했다. 예를 들면 "진금방(陈金榜)이 도춘생(涂春生)을 규(소송)하다", "진방(陈放)이 진연(陈燕)을 규하다" 등이 있다. 이런 고소 방식은 비교적 산만하다. 그 원인은 화인 지역사회 주민들의 문화 수준의 한계가 있기에 구두로 고소하는 방식이 초기에는 비교적 많았기 때문이다. 예를 들면 1824년 7월 화인 공당에서 수리한 안건 중 구두로 제기한 고소는 34건으로 76.5%를 차지했다. 물론 소송 중에는 더 정규적인 서면으로 소송을 제기하는 경우도 있다. 이런 소송을 '공(控)'이라고 했다. "입품공(入稟控)", "입정공(入呈控)" 혹은 "입품첩규(入稟貼叫)" 등이 있었다. 위와 같은 시기 수리한 안건 중 서면으로 소송을 제기한 안건은 2건으로 겨우 5.9%를 차지했다. 1824년 6월에 수리한 "이종원(李宗元)이 진사해(陈四海)를 입품첩규" 한 사건에서 이종원의 소송장 전문이 『공안부』에 기록되어 있다. 『공안부』의 기록된 안건 수리 방식 중 당사자가 직접 스스로 제기한 소송이 대부분이었다.

둘째, 화인 관리들이 직권에 따라 검거하거나 수리하여 화인 공당에 전달한 안건.

이런 방식으로 수리한 안건은 주로 두 가지 경우가 있다.

하나는 화인 관리들의 조사과정에서 알게 된 후 화인 공당에 전달한 안건이다. 예를 들면 1826년 7월의 "관음정(观音亭) 묵씨(默氏) 곽대(郭大)가 이봉랑(李凤娘)과 강룡(江龙)의 분쟁을 공당에 알린 안건"에서, 묵씨 곽대는 이봉랑과 강룡이 이사문제로 분쟁이 일어난 것을 알게 된 후, 이를 화인 공당에 보고하였다. 이봉랑과 강룡은 공당에서 대질을 통해 이 분쟁을 해결했다.

다른 하나는 화인 관리가 직책에 따라 수리하고 올린 안건이다. 당사자가 직접 화인 관리의 자택을 방문해 소송을 제기하는 경우에 화인 관리는 조정을 하게 되는데, 만약 조정에 실패하거나 후환이 있을 경우 화인 공당에 전달하게 된다. 당사자가 도움을 청한 화인 관리로는 마요, 갑필단(甲必丹), 뇌진란(雷珍兰) 등 화인 공당 이사회 회원들일 수도 있으며, 토공(土公), 화인 감광(监光)의 우두머리 묵씨(默氏) 등 낮은 등급의 관리일 수도 있다. 1824년 7월 "뇌진란 대명기(戴明基)가 임위랑(林谓娘)의 양육권에 관련해 공당에 고소를 한" 안건과 1825년 11월 "서문의 재우항(宰牛港) 묵씨(默氏) 진뢰(陈镭)가 하수생(何水生)이 강간 혐의를 받는 안건을 공당에 고지" 한 안건 등은 전형적인 이런 유형의 안건이었다.

셋째, 식민정부 기관의 지정 하에 이관해 수리한 안건.

네덜란드 식민정부 관련의 사법기구는 필요한 경우에 화인 안건을 화인 공당으로 이관해 수리하게 했다. 주요 이관기관으로는 세 종류가 있었다.

(1) 네덜란드어로 현지에 있는 관리라는 뜻의 "아리스롄(挨实连)"이 있었다. 이는 네덜란드 식민정부 성장(省长), 주장(州长)으로 번역하기도 한다. 아이스롄은 영국인 Raffles이 자바 섬을 통치하던 시기에 만들었다. Raffles는 자바 섬을 18개 성(省)으로 나누고 각 성 마다 한명의 현지 최고 장관을 배치했다. 바타비아도 독립 성(省)의 하나였다. 네덜란드는 이런 행정제도를 계승했으며 1815년부터 정식으로 실시했다. 아이스롄은 행정과 사법 두 가지 직무를 가지게 되는데, 판사

이기도 하고 검사이기도 했다. 보통 아이스렌이 화인 공당에 넘겨주는 안건에는 "아이스렌의 명에 따라" 혹은 "아이스렌의 기록에 따라"라는 수식어가 붙는다. 예를 들면 1832년 8월의 "아이스렌의 명에 따라 엽리진(叶利进)이 그의 아내 진원랑(陈员娘)과 종아사(钟亚四)와 간통했다고 소송을 한 안건을 조사"한 사건에서 화인 공당은 엽리진의 아내 진원랑과 종아사의 간통 사실을 자세히 조사해 두 사람에게 이혼하라는 판결을 내렸고, "간부발부(奸夫泼妇)"라는 팻말을 달고 대중들 앞에서 죄인들을 벌한다고 판결을 내렸다. 판결 결과에 따른 "세부사항에 대해서는 아이스렌이 집행 여부를 결정한다"고 했다.

(2) 바타비아 성 내외를 관리하는 사무관인 내담(內淡)과 외담(外淡)이 있었다.

내담과 외담을 내외담판공(內外淡板公-Binnen-en Buiten Tumenggung)이라고 하는데, 바타비아 성 내외의 국방, 경찰, 사법, 시장 등의 사무를 관리하는 관리로 네덜란드인들이 만들어낸 식민관리제도이다. 그들이 이관한 안건에는 보통 "내담의 명을 받아", "외담의 명에 따라" 라는 문구의 주석이 달려 있다. 1789년 7월에 "외담의 명에 따라 갑대부(甲大府)에서 곽차(郭借), 엄연(严艳)의 장부가 겹친 사안을 수사한" 안건과 1825년 5월의 "내담의 명에 따라 아감매(雅甘妹)가 이(伊)의 외손녀 황옥랑(黄玉娘)과 함께 달아난 안건" 등이 있다.

(3) 바타비아 성의 사법관, 검사, 식민 지방 법원이 있었다.

바타비아 성 식민정부 관리 중에는 평의회(评议会)가 주관하는 사법위원인 실규병(实奎炳) 혹은 실계병(实稽炳-schepen)이라 불리는 관리 및 수로와 육로의 세금을 관리하는 검찰관인 산해미색갈(山海美色葛 -Land-en Waters Fiskaalen)도 안건을 이관할 권리가 있었다. 이런 안 건에는 보통 "실규병(实奎炳)이 이관해 조사…" 혹은 "실규병이 넘겨 조사"라는 문구가 적혀 있다. 즉 1788년 11월에 "실규병이 위탁해 신 선랑(辛宣娘)사건을 조사" 했는데, 신선랑의 남편 진희가(陈喜哥)가 집 을 떠난지 5년이 되도록 아무런 소식도 없었기 때문에 의지할 곳 없 는 신선랑은 생활고에 시달리자 신선랑은 화인 공당에서 이혼을 허 락해줄 것을 요구했다. 화인 공당은 그의 요구에 따라 조사를 한 후 에 이혼을 허가한다고 했다. 그녀는 이 일을 실규병에게 알렸고, 실 규병은 화인 공당에 이 사건을 철저히 조사할 것을 위탁했다. 실규병 도 화인 공당의 사법을 감독하는 기능이 있었기에 화인 공당의 판결 에 불복하는 당사자들의 소송 청구를 받으면 우편으로 화인 공당에 자문을 구했다. 이런 안건에는 보통 "실규병이 자문 편지를 보내…"라 는 문구가 적혀 있었다. 1788년 8월 "실규병는 채첩명(蔡捷明)의 사건 자료에 대해 편지로 문의 한 사건"이 있었다. 화인 채첩명은 네덜란드 신라오지리(新桡吉立)의 하녀 라오지(唠吉)와 결혼하려 했다. 그는 갑 필단 채돈관(蔡敦官)에게 결혼 등기신청을 수차례 올렸지만 채돈관은 '결혼'을 허락하지 않았다. 채첩명은 실규병에게 "글로 보고 했다." 실 규병은 화인 공당에 편지를 보내 이 일을 해석할 것을 요구했다. 산 해미색갈(山海美色葛)도 자신의 직권 범위 내에서 안건을 화인 공당에 이관했다. 1824년의 "부미색갈(副美色葛)이 이관한 딸 심계랑(沈桂娘)이 주수랑(朱秀娘)·임춘랑(林春娘)과 함께 달아난 안건"이 있었다. 1825년에 건립된 네덜란드 동인도 지방 제1급 법원 난더리(兰得力, Landraad) 도 안건을 이관하는 주요 기구였다. 이런 경우 『공안부』기록에는 "난더리의 명에 따라…"라는 문구가 붙는다. 난더리는 1832년 11월 "유여(刘汝)가 갑필단 고장종(高长宗)을 규한 안건"을 공당에 보내 심사 처리하도록 했다. 이 안건은 전 갑필단 고장종과 관련이 있기에 공당은 예전과 달리 당직인 두명의 뇌진란 양한관(杨汉官), 진준영(陈俊英) 외에도 다른 두 명의 뇌진란인 황영록(黄永禄), 진빈낭(陈彬郎)으로 구성된 "합의정(合议庭)"을 구성해 이 안건을 심사처리하게 했다. 네명의 뇌진란은 양측의 증언을 수집해 양측의 장부를 검사하고 안건을 분석한 후 그 결과를 난더리에게 보고했다.

이관 안건은 "화인 공당에서 안건을 명확하게 심사하라"거나 "화인 공당이 이관한 범죄에 대한 징벌을 실시하라" 등의 요구가 있었다. 위에서 언급한 "유여(刘汝)가 갑필단 고장종(高长宗)을 규한 안건"은 전자에 속한다. 난더리는 화인 공당에서 유시와 고장종 사이에 발생한 안건 사실을 확인하라고 했으며, 그 결과를 보고하라고 했다. 안건의 최종 판결은 난더리 스스로의 판단에 따랐다. 화인 공당은 식민 사법기구가 이관한 이미 판결한 안건의 범죄에 형벌을 실시하는 책임을 가지고 있었다. 1788년 3월 네덜란드 사법 관할관리의 명에 따라 공당 달씨(达氏)는 진시(陈是)를 체포해 내담(内淡) 감옥에 감금시켰다. 1824년 10월 아이스롄의 명령에 따라 공관전과책대사묘(公馆前科责大使庙) 임연수(林然水)에게 "밤에 무리 싸움을 한 죄를 범했기 때문에 30회의 채찍을 맞는 벌을 내렸다." 이 기록으로부터 공당은 일정한 형벌 집행권을 가지고 있다는 것을 알 수 있다.

2. 심리절차

공당은 안건을 접수한 후 양 측에 규정 시간에 공당에 오라고 요구한다. 보통 상황에서는 원고가 피고에게 달씨(达氏)가 증인(削视人)에게 전달한다. 만약 원고가 규정한 시간에 나타나지 않으면 원고가 소송을 포기한 것으로 간주하며 달씨가 이를 찾아가 알린다. 만약 피고가 규정한 시간에 나타나지 않으면 관련 인물들을 부른다. 『공안부』에는 이를 보통 '소(召)' 혹은 '적(吊)'이라 한다. 1824년 8월의 "진기(陈奇)가 진심(陈蟳)을 규(소송)한 사건"에서 공당은 진심을 불렀으나 달씨가 진심은 병으로 올 수 없다고 하자 진심의 가족인 진합(陈合)이 대신 응소했다. 공당에서는 이 안건을 기록할 때 "공당은 진합을 적(吊)해 물었다.…"고 기록했다. 만약 여러 번 불렀으나 나타나지 않으면 공당을 멸시한 것으로 간주해 공당은 원고의 소송 청구를 지지하게 된다. 관련 사람들이 공당에 도착하면 심리가 시작된다. 심리의 기본 절차는 먼저 원고가 먼저 소송 이유와 청구를 서술하고 피고가 해명을 한다. 다음 당직 공당 관리가 양측의 진술에 관해 의문점을 문의하고, 원고와 피고 양측이 제기한 증인과 증거를 심의하며, 양측은 공당 관리의 물음에 대해 해석한다.

1824년 9월 공당이 "유탐랑(刘耽娘)이 이뢰(李镭)를 고소(叫)"한 안건이 있었다. 이 안건에서 당직 뇌진란 정해관(郑觧官)과 엽선관(叶选官)이 심사를 책임지게 되었다. 『공안부』의 기록에 따르면 이 안건은 묵

씨(默氏) 엽륙부(叶六富)가 직권에 따라 소송을 한 것이다. 9월 9일 원고인 유탐랑은 그의 당형(堂兄, 사촌 형)인 유정원(刘鼎元)의 동행 하에 엽륙부를 상고했다. 유탐랑의 외삼촌인 이뢰는 그녀의 방에 들어와 그녀를 강간하려 했으며 그를 구타했다. 엽륙부의 아내가 상처를 본 결과 유탐랑이 확실히 구타를 당했다고 여겨 갑필단 고장종의 집에 가서 이를 보고했다. 고장종은 이 안건을 접수하고 피고를 화인공당에서 교도소에 감금하게 하고 10일에 이 안건을 수리하도록 했다. 9월 10일 당직 뇌진란은 관련 원고와 피고를 공당에 불렀다. 절차에 따라 먼저 원고인 피해자 유탐랑에게 상소 원인을 물었다. 9월 7일 저녁 피고 이뢰가 그의 방에 들어와 강간을 시도했으며 피해자가 저항을 하자 이뢰는 방망이로 그녀를 때렸다. 그녀의 사촌 동생 서언(徐言)은 이 사실을 증명했다. 그 후에도 이뢰는 그를 감금시키고 계속 때렸다. 그녀의 당형 유정원이 와서야 그녀를 구할 수 있었다. 일이 일어난 후 그들은 묵 씨 엽륙부에게 이 사실을 고발했다. 공당은 그녀의 진술에 따라 그녀가 언급한 서언과 유정원을 불렀으며 심지어 이뢰의 이웃인 엽운(叶云)도 불러 심문했다. 그들이 서술한 사실은 유탐랑이 진술한 내용과 기본적으로 같았다. 이어 공당은 묵 씨 엽륙부를 불러 원고 측의 증언을 수집했다. 이어 뇌진란은 피고 이뢰를 소환했다. 이뢰는 원고의 소송에 "그녀가 교훈을 듣지 않아 사사로이 외출을 하려 했기에 때렸다"고 했다. 이에 공당이 물었다. "자녀를 교육하는데 대낮이 아닌 야밤에 해야 하는가? 비록 그녀가 잘못이 있다고 해도 이렇게 잔혹하게 때리지는 말아야 한다."고 하자 이뢰는 다른 답을 하지 못했다. 공당은 유탐랑을 불러 이뢰의 답에 대해 물었다. 유탐랑은 자신은 이뢰가 말한 "사사로이 외출하지 않았다"고 했다. 공당은 증인 서언과 묵 씨 엽운을 불러 이뢰와 직접 대질하게 했다. 그들은 모두 원고가 밖으로 나가지 않았다고 했다.

공당은 그들이 인정한 두 번째 '증인'인 이뢰의 여종(婢女) 춘화(春花)를 불러 물었다. 춘화는 "자기의 주인이 밤에 일어났는데 탐랑과 부딪쳤다. 그러자 탐랑이 악담으로 욕을 했기에 이뢰의 매를 맞았다"고 했다. 이 말은 이뢰의 진술과 또 달랐다. 공당은 탐랑과 춘화를 대질시켰다. 탐랑의 진술은 여전히 예전과 같았다. 이뢰는 공당의 추궁에 아무런 말도 못했다. 공당은 이뢰를 수감하고 아래와 같은 판결을 내렸다. "심판을 통해 유탐랑이 그녀의 외삼촌 이뢰가 강간에 불복했다고 그녀를 구타한 사건에서 탐랑의 진술은 사실이었고, 이뢰의 진술은 거짓이다. 교육하고 감독한다고 하는데 왜 하필 날 어두운 밤에 그 짓을 해야만 했는가? 그런 일이 없다고 하지만 증거와 증인들이 그의 말이 거짓임을 증명해준다. 더욱 이처럼 문란한 행동을 한 사람이 피해자의 외삼촌이라는 점은 사람의 탈을 쓴 짐승이 아닐 수 없으니 국법은 이를 용서할 수 없기에 응당 위에 알려 법률에 따라 벌을 내려 경고해야 한다."

강간미수, 구타 치상은 이미 엄중한 형사 범죄인데 공당은 심리권한만 있을 뿐 판결권한이 없었기에 법률에 따라 이 안건은 식민 사법기구에 이관해 처리하게 했으며, 식민 사법기구에서 최후의 판결을 내렸다. 이 안건은 공당이 심리한 안건 중 상대적으로 복잡한 안건이라 할 수 있다. 묵 씨가 직권의 권리에 따라 수리한 후 여러 증인들을 소환했고 안건을 심사하는 과정에서 원고·피고·증인들에게 사건의 상황을 문의했으며, 법률에 따라 안건을 이관했다. 이 안건을 통해 화인 공당의 심사절차를 완전하게 이해할 수 있을 것이다.

3. 증거 규칙-신명(神明) 판결

바타비아 공당의 신명 판결방식은 맹서(盟誓)였다. 맹서는 동남연해 지역의 보편적 습관이었다. 화인 공당에서의 맹서란 화인지역사회 주민들 간에 말다툼이나 싸움이 일어났을 때, 옳고 그름을 가리기 어렵거나 유죄여부를 정하기 어려울 경우에 민남(閩南)의 습관에 따라 닭의 목을 따서 맹서를 하며 신명에 의한 판결을 하기 위해 기도하는 것을 말하는데, 이를 맹신(盟神)이라고도 했다. 이런 맹신의 맹서 방식은 한나라(汉朝) 때로 거슬러 올라갈 수 있다. 사마천(司马迁)의 『사기(史记)』의 기록에 의하면 한무제(汉武帝) 시기 "두 월(越)나라를 멸망시킬 때 월나라 사람들이 말하기를 '월나라 사람들은 귀신을 믿었고, 사당에도 귀신을 볼 수 있었다. 예전에는 동구(东瓯)의 왕은 귀신을 모셨기에 백육십 살까지 살았지만, 후에 사람들이 이를 믿고 태만해지는 바람에 일찍 늙었다'고 했다. 그 후 월의 월무(越巫)와 월축사(越祝祠)는 단상이 있고, 제단이 없으며, 천신(天神) 상제(上帝)처럼 백규(百鬼)를 모셨고, 닭으로 점을 보았다. 월사(越祠)로부터 계복(鸡卜)을 하기 시작했다"고 했다.

바타비아의 화인들은 빈곤한 가정에서 태어났기에 배운 것이 없어

교양이 없었다. 귀신과 신명의 숭배는 보통현상이었다. 맹신에 의한 심판은 민중들의 귀신에 대한 미신과 두려움을 이용한 것으로 간편하지만 효과적인 방법이었다. 바타비아 공당 심판의 중요한 보조 수단인 맹신심판은 18, 19세기 바타비아 화인지역사회의 내부안정과 단결에 일정한 작용을 했다. 『공안부』의 기록에 따르면 맹신재판의 주체는 원고와 피고의 증인이며, 맹신 재판은 판사가 제기하거나 원고·피고 양측 누구라도 제기할 수가 있었다. 맹신의 시간과 지점은 상대적으로 고정된 것으로 이튿날 아침 7시 전후에 '정(亭)'에서 맹신을 시작한다. 양측이 맹신을 약속하면 철회할 수가 없었다. 만약 어느 한 측이 맹신이 두려워 이를 번복하려 하면 패소의 후과를 받아들이는 것으로 간주되며, 형사책임을 져야했다. 『공안부』에 기록된 맹신 안건 중 이금랑(李金娘)이 원수랑(阮寿娘)을 소송(叫)한 사건이 대표적이라 할 수 있다. 이 안건은 두 차례의 재판을 거쳤다. 이금랑과 원수랑은 함께 점포를 구매해 세를 놓게 되었는데, 두 사람 사이에 임대료의 분배문제 때문에 분쟁이 일어났다. 이금랑은 원수랑을 공당에 소송했다. 1790년 8월 11일 1차 재판에서 양측은 각기 자기의 의견을 주장하고 양보하지 않았다. 법정의 조정이 있었지만 합의를 보지 못했다. 피고 원수랑은 신명의 판결을 요청했다.

"수랑이 말했다. '임대료 백팔십여 문(文)을 받지 않았다. 맹신의 판결을 해주기를 바란다.' 금랑이 말했다. '수랑이 만약 맹신을 하려고 한다면 돈을 돌려주고 다시 이 일을 꺼내지 않겠다.' 수랑은 금랑과 다음날 맹정(盟亭)에서 만나기로 했다. 수랑이 말했다. '만약 감히 맹신을 하지 못한다면 금랑은 칠십문 4방반(方半)을 돌려주어야 한다.' 수랑이 말했다. '동의한다.'"

다음 날 수랑은 약속을 지키지 않았다. 수랑은 맹정에 나타나지 않았다. 그러자 금랑은 다음 재판에서 이렇게 요구했다.

"이금랑이 말했다. '전번에 수랑과 맹정에서 맹신을 하려고 약속했으나 약속 시간에 나타지 않았다. 이를 아뢰는 바이다. 만약 그녀가 맹신을 하지 못한다면 벌을 받고 돈을 내야한다.' 수랑이 말했다. '돈을 내려하는데 왜 또 벌을 받아야 하는가?' 수랑이 말을 이었다. '공당에서 맹신을 하려 했고, 만약 하지 않으면 죄를 묻지 않기로 했는데, 지금에 와서 번복하려 하는가?' 주갈초는 앞뒤의 진술을 외담포로 만찰탈(外澹褒拇蛮察夺)에게 알려 결정하게 했다."

4. 판결 절차

안건 심리가 끝나면 당직 뇌진란은 회의를 열어 토론을 한 후 공당에서 판결을 내린다. 의문스런 안건이나 중대한 안건에 대해서는 모든 화인 공당 관리들을 불러 토론을 했다. 구두로 판결 결과를 선포하며 주갈초(朱葛礁)가 기록한다. 양측 당사자들은 기록한 판결문에 수결을 한다. 화인 공당에서 종결한 안건은 보통 세 가지가 있다.

첫째는 조정에 의한 종결이다.

조정 종결은 화인 공당 안건 종결의 주요 방식 중 하나였다. 이는 아래와 같은 몇 가지 원인 때문이다. 우선 화인 공당에서 수리하는 안건은 보통 일상생활의 이웃 간의 분쟁, 혼인 분쟁, 소량의 금전 분쟁 등 자질구레한 기본적으로 민사소송관련 안건이다. 이는 조정하는 방식으로 양측 당사자가 서로 합의를 달성해 효과적으로 모순을 해결하여 화인사회의 안정적 질서를 유지케 하는데 유리했다. 다음은 중국 전통문화의 무 소송 경향이 안건 조정 종결방식을 선택에 중요한 영향을 미쳤다. 전통적인 유가사상은 소송을 수치로 여겼다. 관할지역 내 지방 관리들이 그 관직에 적합한 가를 가늠하는 표준은 소송이 많고 적음이다. 이런 습관의 영향에 사람들은 분쟁조정을 선호하기에 손상된 법률관계는 조화로운 상황을 조성해 회복된다. 이런 원인으로 사법관은 우선 조정을 선택하게 된다. 바타비아 화인지역사회에서 특히 혼인가정 분쟁에서의 조정은 사회의 기본요소인 가정을 안정시키는 작용을 하기 때문에 더욱 큰 의미가 있다. 1824년 12월의 "채득랑(蔡得娘)이 그녀의 시부모를 고소(叫)한 사건"에서 채득랑은 시부모의 지시에 따라 밥을 지었으나 음식이 마음에 들지 않는다는 이유로 시부모의 구타를 받아 온 몸에 상처를 입었다.

가정폭력으로 갈 곳을 잃은 채득랑은 묵 씨(默氏)에게 고발을 했으며, 묵 씨의 배동 하에 현지 관리에게 소송을 제기했다. 공당의 심리를 거쳐 채득랑의 말이 사실임을 증명했고, 그녀 남편의 의견을 구한 후 "시부모가 은 15굴덴의 치료비용을 지불하고, 그녀의 남편은 부부가 살 수 있는 다른 거처를 구하라"고 조정하여 안건을 종결시켰다. "고부(姑媳)는 이를 받아들였고 감사를 표한 후 물러났다."

둘째는 판결에 의한 종결이다.

보통 공당의 조정이 실패하면 안건은 판결을 통해 종결하게 된다. 1824년 12월의 "사명랑(謝明娘)이 그녀의 남편 진광장(陈光长)을 고소한 안건"이 바로 공당에서 조정을 하려 했으나 조정에 실패해 최종적으로 이혼이라고 판결한 안건이다. 그해 9월 3일 사명랑은 그녀의 남편이 일을 하지 않고 아편을 피우는 악습이 있어 생계를 유지하기 어려워 친정에 가게 되었기에 이혼 판결을 요구한다고 했다. 공당에서는 진광장을 심문했다 진광장은 "악습을 끊고 가정으로 돌아 올 것"이라고 했다. 공당의 조정을 거쳐 두 사람은 화해를 하고 사명량은 고마움을 표하고 떠났다. 그 후 진광장은 악습을 버리지 못했다. 사명랑은 11월 26일에 재차 소를 제기했다. 공당은 다 시 한번 두 사람의 분쟁을 조정했다. 12월 24일 사명랑의 두 번째 고소에 공당은 조정을 했지만 합의를 보지 못하자 이렇게 결론을 내렸다. "공당은 두 사람의 진술을 관찰한 후, 남편이 가정을 돌볼 능력이 없고, 아내가 가난 속에서 본분을 지키기 어렵기에 화해가 어렵다고 여겨 서로 갈라 지내는 것이 좋다."고 이혼으로 최종 판결을 내린 후 "두 사람은 『혼부(婚簿)』에 수결했다.

셋째는 안건을 이관하고 상응 권력기관의 판결을 기다리는 것이다.

화인 공당의 심판권은 제한되어 있었다. 안건이 공당의 권한을 초과한 강간, 살인, 강도 및 중대 민사안건 등 형사안건 혹은 기타 민사안건에 대해 공당은 안건상황에 따라 달리 처리했다.

⑴ 심리 후, 동인도 식민지 권력 기관에 이관해 판결을 하는 것이다.

권한 밖의 안건에 대해 공당은 심리권을 가지고 있지만 재판권이 없기에 관련 문서와 증거들을 식민 사법기구에 이관해 재판한다. 위에서 언급한 "유탐랑이 이뢰를 汗한 사건"이 바로 이런 경우다. 이뢰는 유탐랑을 강간하려 하다가 이루지 못하자 감금하고 구타했다. 이는 이미 형법에 저촉되는 안건으로 승화되어 화인 공당의 관할권을 벗어났다. 최종 공당은 이 안건을 '상부에' 이관해 '국법' 및 네덜란드 법률에 따라 재판했다.

⑵ 공당에서 수리하지 않고 직접 당사자가 관련 권력 사법부문에 소송을 하는 것이다. 『공안부』에는 이런 기록이 있었다. 1788년 4월 엄사가(严四哥), 홍용화(洪熔化), 강점관(江占观), 여원관(吕元观), 황편관(黄编观), 황팔가(黄八哥), 엽봉관(叶逢观), 종만관(钟满观)이 연합으로 뇌연관(赖宴观), 황련생(黄连生)을 소고한 안건은 관련 금액이 너무 커 공당의 권한 범위를 초과하기에 "이 사건을 감히 심리할 수가 없어 위에 올려 결정을 요청한다."고 했다.

⑶ 의문이 있는 안건은 공당이 직접 결정하지 않는다는 것이다.

1824년 12월 진광예(陈光艺)가 원목판매로 엽척(叶尺)과 분쟁이 일어났다. 각자 의견이 분분한 가운데 공당은 "안건에 많은 것이 연루되었다"고 판단하여 원고에게 식민지 경찰 사무소인 '간도시초(干刀示礁)'에 소송하라고 했다.

(4) 공당에서 이미 판결을 내렸으나 당사자가 재차 소송한다는 것이다. 이런 상황은 주로 당사자가 판결에 불복하여 소송을 하는 경우로 화인 공당에서 수리하지 않고 식민지 사법기관에 소송을 한다. 1788년 8월 "양삽로(楊插老)가 채영관(蔡永观)을 고소한 안건"에서 채영관은 공당의 재판에 불복하자 공당은 "밀사로조(密喳唠厝)에 소송을 하라"고 했다. 밀사로조는 네덜란드 동인도회사가 설립한 법정으로 소송 수리기관이다. 이러한 심판 외에도 화인 공당은 네덜란드 식민지 배자들에게 "당인법률(唐人法律)"에 관련 자문과 해석을 해주었다. 1847년 6월 화인 공당은 애실련의 '치서(致书)'를 받았는데 의문시 되는 안건이 있어 화인 공당에서 "당인의 자녀 입양규칙"을 물었다. 이 안건에서 황아이(黃亚二)는 황경랑(黃敬娘)을 고소했다. 그는 자신의 딸 황앵랑(黃莺娘)을 황경랑(黃敬娘)의 양녀로 보낸다는 증명서를 양초(梁礁)를 통해 작성했는데, 네덜란드에서는 화인의 입양관련 규칙을 이해하지 못한 상황이라 화인 공당에 세 가지 물음을 제기했다.

"1. 당인 규칙에서 입양한 양자와 친자의 구분은 어떻게 하는가? 2. 입양서를 작성했으나 다른 사람에게 입양될 경우는? 3. 입양서를 작성했으나 양초가 작성한 내용이 명확하고, 그의 부모 혹은 제3자가 이익을 챙기지 않았을 경우는? 이들 경우는 미성년자에게만 해당된다."

이에 화인 공당은 이렇게 답했다.

> "우리 당인의 규칙에 따르면 1. 양자와 친자는 모두 동등
> 하다. 2. 입양서를 작성했으면 다른 사람에게 입양될 수 없
> 다. 3. 입양과정에 부모가 이익을 챙기지는 않지만 낳아 키
> 운 값은 지불한다. 만약 얼마라고 정하지 않았다면 금액이
> 많을 수도 있고 적을 수도 있다."[120]

상술한 사례는 네덜란드 식민 정부 관련 부서가 화인 공당에 질문
한 수많은 법률 관련문제의 한 가지 실례일 뿐이다. 하지만 바타비아
본지 행정장관과 법정만 화인 공당에 법률자문을 한 것이 아니라 동
인도의 기타 지역에서도 자문을 해왔음을 알 수 있다.

3. 방장(帮长)

"방장제도(帮长制度)"는 프랑스 식민지가 처음 만든 것이 아니라 베
트남 화교들의 전통이었다. 화인이 베트남에서 생활한 역사는 오래되
었다. 명청(明清)시기 왕조가 바뀌던 시절에 동남·서남 변경의 사람들
은 전쟁을 피해 가까운 베트남으로 이주했다. 1650년 명조시기에 이
주한 화인들은 광남안포(广南安铺)에서 '명향사(明香社)'를 설립했다.
이후로 많은 화인들이 생계를 위해 베트남으로 이주했다. 강희(康熙)

---

120) 吴凤斌, [네덜란드]陈萌红, 包乐史等: 『公案簿』, 제5집, 162쪽, 샤먼, 厦门大学出版社, 2005.

2년(1663년) 8월 베트남 여현종(黎玄宗)은 관리의 편리를 위해 "청나라에서 온 사람들과 구별하라"고 했다. "청나라에서 온 교민들은 민간인이기에 풍속이 혼잡해 청나라에서 온 자들을 다른 지역에 살게 했는데" 이를 '명향(明乡)'이라고 했다. 이렇게 화인들은 베트남에 자리를 잡게 되었고, 베트남의 개발에 중요한 공헌을 했다. 베트남 정부도 '명향'과 '화교'들을 차별하여 대우를 했다. 프랑스가 베트남을 침략한 후에도 '명향'을 차별화하여 '명향'과 '화교'는 각자 따로 관리를 했기에 서로 겹치지 않았다. 프랑스는 자신의 식민지인 미얀마와 캄보디아서도 이런 정책을 널리 보급했다.

명향과 화교를 구분하기 시작한 것은 응우옌 아인 푹(阮映福)의 '중흥(中兴)' 이후부터였다. 1802년 '명향' 회원과 '화교'는 베트남 내분과정에서 가륭왕(嘉隆王) 응우옌 아인 푹의 승리를 도와주었다. 이에 '명향'과 '화교'는 일정한 특권을 얻게 되었다. '명향'에 있어 응우옌 아인 푹은 화교들이 베트남 각지에서 명향사를 건립할 수 있도록 허가했으며, 이어 명향의 요역(徭役)과 병역을 면제해주었다. 1826년 모든 명향사단은 '명향'으로 이름을 바꾸었다. '명향'은 베트남에서 비교적 높은 사회적 지위를 가지고 있었다. 명향인 중 정회덕(郑怀德)·오인정(吴仁静) 등은 베트남 응우옌 왕조에 육부상서(六部尚书) 및 대학사(大学士) 등의 요직에 있었으며, 심지어 응우옌 왕조를 대표해 중국에 사신으로 오기도 했다. 1829년 명명제(明命帝)는 "명향 부부와 그의 가족은 중국으로 돌아올 수 없다"고 선포했다. 때문에 명향인과 보통화교를 엄격히 구분해야 했다. 1867년 프랑스 당국은 유복(殷富)한 명향인과 60세가 넘는 노인들을 베트남 사람들과 같은 대우를 해줘야 하지만 일반 화인들처럼 다른 책에 기록해야 한다고 했다. 1869년 프랑스 제독은 행정, 법률, 경찰업무와 조세 방면에서 명향인과 베트남인을 동등하게 대우하라는 령을 내렸다. 1874년 프랑스 식민당국은 명향인과 베트남 인을 일률적으로 동등하게 대우해야 한다고 거듭 표명했으며, 특별정책을 더는 실행하지 않으며, 명향 후예의 특수 조직인 '명향방(明乡帮)'도 철회한다고 했다.

1807년 베트남 왕실은 화교사회 내부에서 지연의 차이에 따라 파벌을 나누었으며, 파벌 범위 내에서 자치를 하게 했다. 그 후로 베트남으로 이주한 화인은 그들을 받아들이는 파벌이 있어야만 베트남에 거주할 수 있게 되었다. 이들 파벌의 수장을 '방장'이라고 했다. 프랑스는 이 제도를 유지했으며 기타 프랑스령 동남아시아 식민지에서 보급했다. 프랑스령 식민지의 화인 파벌은 지연에 따라 구분했다. 예를 들면 1891년 프랑스 정부는 캄보디아에서, 1906년에는 교지지나(交趾支那, 베트남 남부)의 화인들을 다섯 개 방파로 나누었다. 본적이 광동 서북지역 특히 서강(西江) 삼각주 지역의 화인을 광주방(广州帮)으로 했다. 그들은 주로 상업에 종사하거나 노동자, 기술공 및 뱃사공 등이었다. 다음은 복건방(福建帮)으로 주로 민남(闽南) 각 현 특히 하문(厦门) 지역의 화교들인데 원래 7개 파벌로 나누었을 때에는 복건방(福建帮)도 포함되었다. 복건방은 상업 면에서 큰 영향력을 가지고 있었다. 세 번째는 해남방(海南帮)인데 그들 대부분은 해남도(海南岛) 문창현(文昌县) 서쪽의 해구(海口)에서 온 화인들이었다. 원 7대 파벌의 하나인 뇌주방(雷州幫)을 해남방에 포함시켰다. 그들은 주로 후추재배와 가정 서비스업에 종사했다. 네 번째는 조주방(潮州幫)인데 주로 광동(广东) 조주(潮州)지역에서 이주한 사람들로 주로 농업에 종사했으며, 뱃사공·고역(苦役) 등 힘든 일을 했다. 다섯 번째 파벌은 객가방(客家幫)으로 주로 광동 동북부에서 이주해온 화인들로 특히 매현(梅县)지역에서 온 사람들이 많았다. 이들은 대부분 농업에 종사하거나 노동자였으며, 일부 상인들도 있었다. 객가방 중 다상(茶商)이 비교적 영향력을 가지고 있었다.[121] 이 다섯 개 파벌 내부에는 방공소(幫公所)가 있고, 정부가 방장을 선출해 화교사무를 관리하며, 현지 정부의 명령을 전달하고, 세금을 징수하며, 방민(幫民)의 분쟁을 조정하고, 방민들이 신청한 각종 허가서를 발급했다.[122] 1874년부터 방장은 프랑스 식민정무가 사이공에 설립한 이민국에 출근해 식민지배자들의 화교 수출입에 관한 사무관리를 하는 일에 협조했다. 이런 파별제도는 1948년에 이르러서야 취소되었다.

동남아시아 식민정부가 화인 우두머리를 통해 화인사회를 통제하는 형식이 어떠하든 그 책략은 일치했다. 이런 특징으로 정권 측면에서의 화인 자치가 모종의 동일한 특징을 가지게 되었다.

첫째, 간접통치의 식민정권은 동남아시아지역에 '변화'를 가져다준 것이 아니라 동남아시아지역 고유의 현상에 대한 타협이었다.

---

121) [영국]布赛尔:『东南亚的中国人(连载三)』,『南洋问题资料译丛』, 1958 (2).

122) 周南京:『华人华侨百科全书·社区民俗卷』, 30쪽, 베이징, 中国华侨出版社, 2000.『진랍풍토기』

남양의 낡은 전통 가운데서 당인의 사회적 지위는 상대적으로 높았다. 일부 지방의 순박한 토족은 화인을 신명(神明, 하늘과 땅의 신령)처럼 존경했으며, 심지어 "당인을 보고 경모하기까지 하여 그들을 부처라고 부르며, 그들을 만나면 머리를 조아리는 광경"[123]이 나타나기도 했다. 정화의 '서양 행'도 어느 정도 화인의 우월감을 제고시켰으며, 그들의 지위 상승에 도움을 주었다. 식민통치가 비교적 엄격한 지역인 마닐라와 바타비아의 화인 갑필단의 등장은 식민정부의 승인을 받아 더 광범위한 동남아시아지역에서 화인의 권리가 많이 부여되었고 보편화되었다. 화인 우두머리의 위임은 세습일 수도 있고, 상임 우두머리가 지명할 수도 있었다. 그들은 토지개척, 무역, 화인 집거지역 관리 등의 권리가 있었으며, 보통 현지 정부와는 조세관계였다. 예를 들면 '항주(港主)제도' 하의 '항각(港脚)' 즉 '항주'는 개간지구의 토지 사용, 노동자 모집, 장사 계획, 사업 심판, 더 나아가서 화폐 발행과 도박장을 설치 및 독점 판매 등의 권리를 가지고 있었다. 그들은 계약 내용에 따라 매년 일정한 세금을 현지 토족 통치자에게 지불하면 되었다.[124] 영국령 사라와크항 항주 황내상(黃乃裳)은 현지 통치자 라자(Rajah, 동인도·말레이시아·자바 등지의 군주·추장의 칭호-역자 주)와 개간계약을 맺었다. 개간계약에 따라 황내상은 "신복주(新福州) 개간지"에서 발생한 작은 일로 인한 분쟁은 화인 우두머리가 책

---

123) 『真腊风土记』
124) 云樵: 『中华民族拓殖马来半岛』, 『雪兰莪中华大会堂庆祝54周年纪念刊(1923−1977)』, 542쪽, 雪兰莪, 雪兰莪中华大会堂, 1977.

임지고 처리해야 하며, 정부는 토족들이 화인들의 정상적인 생산 질서를 방해할 때에 이민을 보호하는 책임을 졌다. 이는 1905년에 발생한 것으로 영국이 말레이시아 지역에서 식민통치를 한지 백년이라는 시간이 흐른 뒤였으며, 해협의 식민지역에서 직접통치(1889년)를 실현한 뒤였다. 이로부터 지방 화인 우두머리의 자치 권리가 얼마나 막강한지를 알 수 있을 것이다. 네덜란드 령 인도네시아 서칼리만탄의 난방(兰芳)회사의 존재는 기적이라 할 수 있다. 1777년에 창립된 이 난방회사는 현지 화인 우두머리 나방백(罗芳伯)이 폰티아낙에 있는 삼성(三星), 산심(山心), 노포두(老埔头) 및 신포두(新埔头) 등 네 개 회사를 합병해 화인 금광개발회사를 창립하면서 나타난 회사였다. 회사는 천지회(天地会)의 조직 관리방식인 대총(大总)제도로 관리했다. 대총(혹은 대가[大哥]라고 부른다)은 여러 부하들의 협조 하에 '총청(总厅)'에서 제사, 노동력 분배, 세금징수, 분쟁 심리 등 회사업무를 처리했다. 회사 '총청' 대문 맞은편에는 큰 탁자가 놓여 있고, 탁자에는 문방사보와 '첨통(签筒)'이 놓여 있었다. 심판할 때에 판사는 대나무를 범인에게 뿌리고 형의 경중 정도에 따라 '아역(衙役)'이 그에 상응하는 수량의 매를 가했다.[125] 회사 대총의 권력은 매우 막강하였으며, 회사 내부의 자치 정도도 매우 높았다. 그 시기의 역사를 연구하는 학자들은 난방회사를 칼리만탄의 "화인공화국(华人共和国)"[126]이라고 불렀

---

125) [네덜란드]高延: 『婆罗洲华人公司制度』, 袁冰凌 역, 74~75쪽, 타이베이, (타이완) "中央研究院" 近代史研究所, 1996.

126) [네덜란드]高延: 『婆罗洲华人公司制度』, 袁冰凌 역, 5쪽, 타이베이, (타이완) "中央研究院" 近代史研究所, 1996.

다. 이 "나라 안의 나라"는 1888년도까지 존재했으며, 네덜란드 식민군에 의해 철저하게 소멸되었다.

둘째, 화인 우두머리를 통해 화인사회를 통제하는 것은 부득이한 방법이었다. 동남아시아에서 직접통치를 하려면 여러 가지 조건이 필요했다. 특히 서방 식민지배자들에게 있어서 그들이 통치해야 할 동남아시아 여러 나라는 낯선 환경으로 언어가 완전히 다른 방대한 수량의 토족과 화인을 다스려야 했고, 이미 차지한 식민지를 수호해야 했을 뿐만 아니라 새로운 영지를 개척해야 했다. 인력이나 물력, 재력 면에서 그들은 직접 통치보다는 간접통치를 택하는 것이 최선이었다. 바타비아를 예를 든다면, 화인들이 세금을 징수해주는 방법은 동인도회사에 세 가지 좋은 점이 있었다. 우선 안정적인 세금 내원으로 지속적인 재정수입을 보장해주었다. 다음으로는 세금으로 인해 식민정부와 현지 주민들 간의 직접 충돌을 줄여 회사와 민중의 대항을 화인과 현지 토족, 기타 민족 간의 대항으로 바꾸어 놓으면서 식민정권이 마지막까지 견고할 수 있게 하였다. 더욱 중요한 것은 이런 '간접통치'의 방식은 식민통치에 필요한 기구를 최대한 간략하게 만들어, 그에 상응한 재력과 인력을 절약하게 했다. 이렇게 절약한 자금은 식민지 개척에 필요한 군사행동에 투자했다.

간접통치의 '부득이 함'은 식민정부가 직접 통치를 할 능력이 있거나 화인 내부의 사무를 직접 처리할 필요가 있을 때, 식민정부는 최대한도로 국면을 통치하고 간섭할 수 있다는 것에 있었다. 특히 식민정부가 화인의 존재가 식민정부의 안정에 위협적이라고 생각될 경우, 식민정부는 직접 "선을 넘게 되었다." 바타비아에서 일어난 홍계참안과 스페인이 필리핀을 통제하던 시기 마닐라에서 발생한 여러 차례의 화인 도살사건이 바로 이를 입증해주었다.

셋째, 화인 우두머리는 보통 식민정권과 복잡한 관계가 있으며, 신뢰관계는 그가 존재할 수 있는 기초였다.

화인 우두머리는 반드시 식민정부가 신임하는 사람이어야 하며, 오직 식민정부에 충성해야만 간접통치가 효과적으로 실행될 수 있었다. 이 때문에 각 식민정권은 자신들과 관련이 있는 사람들을 선택해 화인사회의 영도자로 임명했다. 바타비아의 첫 갑필단인 소명강은 당시 바타비아 총독 피터슨·곤과 "가까운 친구" 사이였다. 소명강은 어렸을 때에 반텐에 거주하다가 바타비아가 개항하기 직전에 바타비아로 이사를 왔다. 그는 포르투갈어, 말레이시아어에 능통했기에 식민정부, 화인 및 바타비아 기타 민족 간의 소통이 원활해 중개 역할을 할 수 있었다. 비록 형식적으로는 화교들이 선거한 것이라고 하지만 사실은 "윗선의 동의"가 있어야만 했다. 이후에 역임한 갑필단 모두 네덜란드 정부가 임명했다. 심지어 갑필단이 식민지와의 긴밀한 연락을 유지하고, 이를 할 수 있었어야 하는 것이 필요조건이 되었다. 필리핀, 스페인 식민정권도 화인 우두머리들이 정부와 '동심동덕(同心同德)'이기를 요구했다. 이는 화인 갑필단이 될 사람은 반드시 스페인인들과 마찬가지로 같은 종교신앙을 가져야 했기에 화인 갑필단은 반드시 천주교도여야 했다. 앞에서 언급한 적이 있는 필리핀 화인 우두머리 쌍가(双哥)와 시원(施源)은 화인 우두머리가 되기 전에 이미 세례를 받앉기에 비록 중국 복장을 하고 있지만 천주교도임이 틀림없었다.

　넷째, 화인 자치의 권리는 비교적 협소한 범위에 국한되어 있었고, 화인 우두머리 본신은 일정한 특권을 가지고 있었다. 일반적으로 화인 우두머리는 식민정부가 엄격히 규정한 범위 내에서 자치 권력을 행사했다. 예를 들면 바타비아 화인 공당의 사법권은 25은원(银元) 이하의 민사 분쟁과 경미한 형사 분쟁으로 규정했다. 이 범위를 초과한 안건은 네덜란드 법정에서 심판했다. 화인사회의 관련 규칙인 화인의 세금액, 화인에게 발급하는 주거증(居住证)의 개수, 화인 거주지역 기획 등에 화인 우두머리는 결정권이 없었다. 물론 화인 우두머리로서 가지게 되는 특권도 있었다. 전통 중국은 등급사회였다. 식민지 화인 우두머리와 그가 관리하는 관리들은 중국 국내에 있는 그들의 '동료'들과 마찬가지로 일정한 특권을 가지고 있었다. 예를 들면 바타비아의 화인들 가운데서 갑필단, 뇌진란 및 기타 화인관리들은 혼인과 장례에서 특권을 가지고 있었다. 결혼 면에서 화인관리 본인뿐만 아니라 그들의 자녀들도 결혼과정에서 규정을 초과한 예우를 받을 수 있었다. 네덜란드 동인도 회사의 법규는 부를 뽐내는 현상을 제한하기 위해 가마를 타면 300문(文)의 벌금을 내야 한다고 했다. 네덜란드 화인도 이 규정을 지켜야 했다. 하지만 화인들의 풍속습관에 따르면, 결혼 시에 반드시 가마를 타야 했는데 300문의 벌금형은 과중했다. 화인 공당과 회사는 협상을 거쳐 화인들이 결혼식에 가마를 타면 50문을 화인 미색감병조(美色甘病厝)에 바친다고 했다. 하지만 갑필단, 뇌진뢰 자녀는 가마에 앉아도 돈을 내지 않아도 된다고 했다.

갑필단, 뇌진란, 무직미(武直迷), 주갈초(朱葛礁) 등 화인관리들이 결혼을 하면 결혼세금을 바칠 필요가 없었으며, 호화로운 혼례를 치러도 벌을 내리지 않는다고 했다. 화인관리들은 자신의 등급에 따라 무료로 묘지로 사용할 토지를 갖게 되었다. 묘지 장식도 사치를 금하라는 명령의 제한을 받지 않았다.

제2절

문화 보존과 중문교육

　　교육과 계승을 중요시하는 것은 중화문화의 중요한 특징이다. 동남
아시아 지역의 재능과 식견이 있는 사람들은 중문교육에 관한 견해
를 통일했다. 그들은 화인 자손들이 "고국의 법령과 문물, 규칙과 법
률을 접촉할 기회가 없어" "우리나라 옛 성현(圣贤)들이 남겨놓은 '이
례하용(夷礼夏用, 이적들이 중화의 예를 활용한다—역자 주)'을 위배
하지 말고, 이역에서 자신을 잃어버린 사람이 되지 말아야 한다"[127]며
화인교육을 중요시했다. 화인교육은 화인사회의 번영과 빠른 발전에
큰 영향을 미쳤기에 화교교육은 동남아시아 화인들이 제법 중요시하
는 사업이었다. 해외의 중문교육을 연구한 중국 국내의 학계는 이를
연구할 때 '구학(旧学)'과 '신학(新学)'으로 나눈다. '구학'이란 18세기 초
에 시작한 몽관(蒙馆), 사숙(私塾), 의학(义学)으로 나타난 동남아시아
화인들이 창설한 학교를 말한다. 민국시기의 각종 연구와 그 후 홍
콩, 타이완 지역의 연구에서는 이 '구학시기'를 중문교육의 '맹아' 혹

---

127) 陈福睿:『南洋华侨的教育谈』, 耿素丽, 章鑫尧 선편:『南洋史料』卷一, 143쪽, 베이징, 国
　　家图书馆出版社, 2008.

은 '배아시기'[128]라고 했다. '신학'은 19세기 말에서 20세기 초기부터 시작되었다. 이 시기의 화인교육은 국내의 유신운동과 혁명운동의 영향을 받아 낡은 사숙시스템을 개량시켜 서방과 같은 신형학교를 건립하기 시작했다.

1. 사숙교육

동남아시아지역 조기 중문교육의 '몽관', '사숙' 혹은 '의학'은 모두 중국 사숙교육의 전통을 계승한 것이라고 할 수 있을 뿐만 아니라, 동남아시아 조기 중문교육이 중국의 전통교육을 이식한 형태라고 할 수 있다. 1820년대 말라카에서 출판한 『인도지나습수자(印度支那拾穗者)』에는 현지 방언(方言) 학교를 묘사한 글이 실렸다. 주로 싱가포르의 상황을 적은 이 글에는 이런 내용이 있었다. "학교 앞에는 보통 '대성지성선사공부자(大成至圣先师孔夫子)' 혹은 '만세사표(万世師表)'라는 글이 적혀 있는 위패가 놓여 있고, 앞에는 향이 꺼지지 않았다. 학생들 모두 처음 학교에 입학할 때는 반드시 위패 앞에 허리 굽혀 절을 해야 하며, 매일 학교에 들어 설 때마다 허리 굽혀 인사해야 했다." 학교의 교육과정과 교육방식에 대해서는 이렇게 기록했다. "학생들은 학습을 하거나 그들의 교과서를 읽을 때 모두 큰 소리로 낭독한

---

128) 예를 들면 네덜란드-인도 학무총회(学务总会)가 1928년에 출판한 『하인교육감(荷印教育鉴)』에 수록된 『하인화교의 초등교육(荷印华侨之初等教育)』에는 1729–1903년 사이의 시기를 화교 교육의 맹아시기라고 주장했다. 1929년 지난대학(暨南大学) 교장 정훙녠(郑洪年)은 『화교논문집(华侨论文集)』에 쓴 서문에서 성서원(诚书院)을 "남이(南岛) 화교 교육 네덜란드 령 배아"라고 했다. 刘尧咨: 『试探华侨教育的开端问题』, 『华人华侨史研究集』에 수록, 제2권, 423~424쪽, 베이징, 海洋出版社, 1989.

동남아시아에 유일하게 남아 있는 혈연 종친회관 - 싱가포르에 있는 조가관(曹家館)의 옛터.

다.…그들의 계몽 교과서는 『삼자경(三字经)』이다.… 그들은(학생) 당연히 이해하지 못한다. 선생님들은 학생들이 이해할 수 있도록 방법을 강구했다.…그다음 그들은 『사서(四书)』를 배운다. 『사서(四书)』를 배운 다음(4~5년의 시간이 걸림.) 그들은 주희(朱熹)의 『사서집주(四书集注)』를 외우게 했다. 이 단계의 학습이 끝나면 선생님들은 그들에게 지난 5년간 배운 것을 이해하기 쉽게 해석해 주었다."[129]

동남아시아 각지의 중문학당에서 이런 정경을 매일 볼 수 있었다. 이런 중문학당은 모두 현지의 화교가 건설한 것이며, 지역의 방언 조직이나 가족이 만든 학당으로 일반적으로는 동족이나 동향의 같은

---

129) 梁元生:『新加坡儒家思想教育的三种模式』, 熊越, 傅予穆 번역, 『华人华侨研究』에 수록, 1990(3).

1771년 바타비아 화교가 창설한 명성서원(明誠書院).

어족(语系) 구성원 아동들에게 교육을 했다. 화인 공공관리 조직이나 자선조직이 창설한 학당으로는 바타비아 화인 갑필단 곽군관(郭郡观)이 창설한 명성서원(明诚书院)이 있었다. 이 서원은 정부측 기구인 미색감(美色甘)과 화인 공당이 경비를 제공했고, 1899년에 창설된 필리핀 소여송(小吕宋) 화교 중서(中西)학교는 주필리핀 총영사의 지지 하에 자선 조직인 선거공소(善举公所)에서 관리하고 경비를 제공했다.

화인 공당의 존재는 바타비아의 화인교육 특히 '의학'은 동남아시아 기타 지역과 다른 특징을 가지고 있었다. 바타비아 교육은 더욱 조직적이며 자금 내원도 더욱 안정적이었다. 바타비아 화인의 교육은 중국의 전통 가정 가치관의 영향을 받았기 때문에 실시되었으며, 화인이 처한 특수한 환경이 결정한 것으로 중문교육은 중국의 전통문화

를 보전하고 선양하는 중요한 역량이 되었다.[130] 바타비아의 부유한
화인들은 보통 자신의 미성년 아들을 중국 국내에 보내 정통교육을
받게 했다. 이런 조건이 없거나 아들을 멀리 보내기 싫어하는 사람들
은 바타비아에서 중문교육을 받을 수 있었다. 화인지역사회 중문교
육은 주로 가학(家学), 사숙(私塾), 의학(义学), 서원(书院)과 학교 등을
통해 이루어졌다. '가학'은 바타비아의 부유한 화인 계층이 교사를 집
에 불러 집에서 제자들을 가르치게 하는 것을 말한다. 『갈라파기략
(葛剌巴纪略)』의 자가 정일개(程日介)는 이런 가성교사로 일을 했었다.
기록에 따르면 그는 "때로는 사당에 글귀를 적어 주는데 외국의 부
자들이 이를 귀히 여겨 집으로 불렀다."[131] 소위 "집으로 불렀다"고 하
는 뜻은 그를 가정교사로 초빙했다는 뜻이다. 그는 바타비아에서의
자신의 경력을 회피하지 않고 "학생을 가르치며 근근이 살아 나갔고"
"이렇게 7년을 살았다"고 했다. 이는 그가 7년간 학생을 가르치며 돈
을 벌어 겨우 "빚을 벗을 수 있었고, 손을 털고 돌아오게 되었다"는
것을 말해준다. '사숙'은 학생을 가르치는 선생님이 교실을 빌려 학습
반을 꾸려 아동들에게 천자문, 사서오경을 가르치며 계몽교육을 하
는 것을 말한다. 『공안부』에는 이 직업에 관한 사례가 기록되어 있다.
1789년 12월 9일 구환(丘換)이라는 사숙선생이 그의 학생 가장 노정
(卢顶)을 고소한 사건이 있었다. 기록에 따르면 구환은 감광(监光) 와

---

130) 曹云华: 『变异与保持: 东南亚华人的文化适应』, 196~198쪽, 베이징, 中国华侨出版社,
2001.
131) 『漳州府志』 卷四十九.

박(窩剝, 즉 와복촌[窩剝村])에 사숙(私塾)을 열었는데, 노정은 구환을 위해 임대료를 지불하고 구환이 노정의 자식을 배워주기로 했다고 한다. 화인의 '의학'은 1690년부터 시작되었다. 『개파역대사기(开吧历代史记)』에는 이런 기록이 있다.

"강희 29년(1690년) 경오(庚午)일 갑필단 곽군관이 퇴위하기 전에 당인 미색감병조(美色甘病厝)를 지었다. 동시에 '의학'을 만들어 당인 부모에게서 버려져 가르칠 사람이 없는 아이들과 빈곤한 아이들을 위해 당인 선생을 청해 애들을 배워주게 했다. 이렇게 하면 환자는 생명을 연장할 수 있고, 빈곤한 아이들은 글을 배울 수 있다. 왕(王, 네덜란드 동인도회사 총독)은 여러 쌍병(双柄, 평의원 위원)들과 상의한 후 그 해에 공사를 시작했다. 미색감병조(美色甘病厝), 의학, 미색감밀사노청(美色甘蜜喳唠厅, 공당)을 지었다."[132]

이로부터 의학은 전적으로 고아와 기타 가정형편이 어려운 가정의 자제들이 공부할 수 있는 공간으로 공공복지 사업의 성질을 띠고 있었음을 알 수 있다. 그들이 초청한 교사는 화인들이었고, 학생들은 당연히 중문으로 하는 계몽학습을 했다. '의학'의 개설은 화인교육 보급에 중요한 작용을 했다. 1729년 당인 미색감(美色甘)이 개편할 때, 동인도회사는 특별히 교실로 사용하도록 방 한 칸을 제공했고, 그 비

---

132) 许云樵: 『开吧历代史记』, 『南洋学报』에 실림, 1953 (9—1).

말레이시아아에 있는 빈성구공사(檳城邱公司)의 용산당(龍山堂).

용은 당인들이 지불했다. 1753년 동인도회사에는 네덜란드 학생들을 이 학당에 보내 중문을 학습하도록 했다. 이 학당은 후에 경비가 부족하고, 선생이 부족하고, 경영관리가 허술하며, 교학 효과가 미미한 원인으로 운영이 중단되었다.[133] 1775년 당시 뇌진란의 고근관(高根官)은 갑필단 황연(黃衍)에게 관음정(观音亭) 뒤쪽에 의학을 재건할 것을 건의 했으며, 이름을 "명덕사원(明德书院)"이라고 했다. 1787년에는 "명성서원(明诚书院)"의 이름을 바꾸었다. 바타비아에는 "남강서원(南江书院)"이 있다. 이 두 서원은 남양 화교교육의 시조였다.

두 서원 모두 주희(朱熹)를 모셨다. 화인 교사를 청해 학교에 숙박하면서 교학을 하도록 했다. 교육 대상은 여전히 빈곤한 자제들과 고아였다. 빈곤한 자제들은 학비 없이 입학할 수 있었다. 『해도일지(海岛逸志)』의 작가 왕대해(王大海)는 18세기 70년대 말 80년대 초에 남강서원에 교사로 있었다.[134]

싱가포르–말레이시아 지역의 낡은 교육은 대부분 각 화교단체 특히 지역의 방언 조직이 건설한 것이다. 췌영서원(萃英书院)는 이런 학당들 가운데서 대표적인 학당이었다. 췌영서원은 싱가포르의 복건적을 가진 상인 진금성(陈金声)의 창의 하에 건설을 계획했으며, 복건학당을 관리했다. 1854년에 완공되어 1954년에 운영이 중단된 췌영서원은 100년의 역사를 가진 유명학교였다. 췌영서원은 싱가포르에서

---

133) [네덜란드]包乐史, 吴凤斌:『18世纪末巴达维亚唐人社会』, 86쪽, 샤먼, 厦门大学出版社, 2002.

134) 네덜란드]包乐史, 吴凤斌:『18世纪末巴达维亚唐人社会』, 86쪽, 샤먼, 厦门大学出版社, 2002.

제일 먼저 건설된 화인학당이 아니었다. 췌영서원이 건설되기 전인 1829년에 싱가포르에는 "월인(粤人)이 설립한 학숙(学塾) 두 개가 있었다. 하나는 감방격남(甘榜格南)에 위치해있었고, 다른 하나는 북경가(北京街)에 위치해 있었다. 이외에도 북경가에는 민인(閩人)이 만든 학숙(学塾)이 있었다."[135] 동남아시아 기타 지역을 볼 때, 바타비아의 명성서원(1690년에 창립), 피낭 섬의 오복서원(五福书院—1819년에 창립)은 일정한 규모를 가진 꽤 이름 있는 학당이었다. 췌영서원이 이름나게 된 원인은 공자 교학 부흥운동에서의 역할 때문이었다. 사실 췌영서원을 창립하게 된 처음 목적에는 "유학 전파"라는 의무도 있었다. 이 내용은 췌영서원의 기념비에 명확하게 새겨져 있다. 『췌영서원비(萃英书院碑)』는 싱가포르 종향(宗乡) 연합회의 노천 원지에 세워져 있다. 1854년부터 1912년까지 서원에서는 주로 『삼자경(三字经)』, 『천자문』, 『유학경림(幼学琼林)』, 사서오경, 서법, 주산, 서간(尺牍) 등을 배워주었다. 1870년대에 이르러 학교 학생은 100명 가까이 되었고, 교사 2명이 있었다. 1890년대부터 학교에서는 매년 시험을 치르고 성적을 중문 신문에 공포했다. 청나라 정부 주해협식민지 총영사가 학생들의 성적평가에 참여했다.[136] 1899년 췌영서원 이사들은 국내 공자교육 부흥운동의 영향을 받아 원래 음력 7월 7일에 문장제군(文昌帝君)과 자양부자(紫阳夫子) 주희(朱熹)의 제사를 보던 관례에서 음력 8월 27일에 공자 탄생일에 공자를 위한 제사를 치르기로 했다.

---

135) 梁元生: 『儒家思想教育的三种模式』, 熊越, 傅予穆译, 『华人华侨研究』에 실림, 1990(3).
136) 吴明罡: 『近代南洋华侨教育研究』, 吉林大学博士学位论文, 2010.

이에 관한 『일신보(日新报)』의 보도 내용이 있다.

"월 초 8일 췌영서원의 세도가(勢道家) 진약면(陈若绵) 군,
이청연(李清渊) 군, 허산치(许山治) 군, 임허판(林和坂) 군, 채
삼중(蔡三重) 군 등은 오후 2시에 원내에 모여 서원의 규칙
을 변경할 문제를 논의했다. 싱가포르 총영사 나숙갱(罗叔
羹) 방백(方伯)도 참석한 가운데 중대한 사안들을 논의했
다. 다만 원 규정을 수정하는 한 가지 문제에 별다른 의견
이 없었다. 서원에서 매년 7월 초 7일에 문창성(文昌星)을
위한 제사를 지내는 습관이 있었는데, 명년부터 8월 27일
에 공자의 탄생을 위한 제사를 치르고, 7월의 활동을 취소
할 문제를 토론했다. 모두 이렇게 수정하는 것이 좋다고 여
겨 규칙으로 정했다. 췌영서원이 오늘까지 40여 년간 운영
해 왔는데 오늘 예전의 관례를 타파하고 새로운 규정을 제
기 한 것에서 세도가의 대의명분을 잘 알 수 있으며, 이는
좋은 것을 따르기 위한 것이다."[137]

2. 신식 교육

사숙, 의학 등 낡은 형식의 학교가 날로 많아졌다. 영국 신민정부
의 통계에 따르면 1884년 싱가포르, 말라카, 풀라우피낭 등 세 개 지

---

137) 林伟毅: 『新加坡儒学在体制内的流转』, 『青岛大学学报』, 2005 (6)에서 재인용.

역 만해도 115개의 중문학당이 있었다고 한다.[138] 오랜 시간 동안 학생들이 날로 많아 졌지만 여전히 정규적인 교학이 형성되지는 않았다. 이런 낡은 형식의 교육을 비판하는 목소리도 날로 높아졌다. 이런 교육형식은 "농경생활에 적합한 농경사회"의 형식이었으며, 사서오경의 유학교육은 식민시사회의 필요에 적응하지 못했다. 그들이 받은

싱가포르 제1대 화교
영도자 조아지(曹亞志)

교육은 이후의 취직에 별 도움이 되지 못했기에 당시 학자들은 이렇게 비판했다. "교포들이 학교를 설립한지 30년이 되지만 우리 이상의 진보와 발전에 부응하지 못했다. 때문에 이를 취소하라는 압박도 있었지만 우리 교포들의 견해가 빈약해 처리가 부당했다.

또한 교사들이 눈속임으로 숫자만 많을 뿐 교학방법이 부족한 것도 큰 원인이었다."[139] 이로부터 중문교육은 긴 역사시기에 별로 만족만한 상황이 아니었음을 알 수 있다. 소위 탄압과 금지는 식민정부가 화인의 학교경영을 상당히 방해한다는 것이었다. 각 식민지마다 학교등록조례가 있으며, 조례에는 교과서, 교사, 교학 등 방면에서 여러 가지 제한을 했으며, 걸핏하면 학교 책임자를 불러 비난을 해댔다.

138) 黃皇宗:『港台文化与海外华文教育』, 110쪽, 광저우, 中山大学出版社, 1992.
139) 余椿:『南侨教育』, 耿素丽, 章鑫尧 선집: 『南洋史料』卷一, 150~151쪽, 베이징, 国家图书馆出版社, 2008.

싱가포르에 있는 영양(寧陽) 회관 옛터.

싱가포르에 있는 응화(應和)회관 옛터.

네덜란드 식민정부는 화인학교가 반드시 지켜야할 조건을 제기했다. 첫째, 한무사(汉务司)에서 각 학교교재 및 국어교재를 검사하도록 한다. 둘째, 학생들이 조국 정치를 담론하는 것을 금지한다.

셋째, 선생님의 항구 진입을 단속했다. 만약 확실한 담보가 없으면 항구에 들어오지 못하게 했다. 화문(华文) 학교와 학생 내원을 경쟁하기 위해 중국인 학교 부근에 반드시 네덜란드 소속의 학교를 지었고, 설비 등 각 방면에서 중국 학교보다 선진적이어서 적령기 대부분 아동들이 이를 선택했다.[140] 영국 식민정부도 마찬가지였다. 그들은 적극적으로 영문교육을 제창했다.

1887년 정부는 여왕장학금을 설립해 매년 화인 '우등생'을 영국에 파견했다. 복건적(福建籍) 화교 우두머리인 임문경(林文庆)이 바로 여왕장학금을 획득한 화인이었다. 이후로 이 장학금을 받고 영국으로 건너가 교육을 받은 자들 중 송완상(宋旺相), 어연덕(伍连德) 등은 화인 사회에서 비교적 높은 성망을 얻었고, 싱가포르 각 사회 개혁에 큰 공헌을 했다. 이 외에도 식민지정부는 화인들이 영문교육에 가담하도록 인도했다. 화교 장방림(章芳林)과 안영성(颜永成)이 바로 그러했다. 1885년, 안영성은 '자유학교(自由学校)'를 세웠다.

그의 본 뜻은 중영 두 나라 언어를 배우는 학교를 만드는 것이었지만 마지막에는 영문교육만 하게 되었다. 비록 이렇게 열악한 환경이었지만, 화문교육은 여전히 일정한 발전을 가져왔다. 교육에 열정적이

---

140) 徐中舒:『南洋华侨教育与立案条例』를 참조, 耿素丽, 章鑫尧 의:『南洋史料』卷一에 실림, 230쪽, 베이징, 国家图书馆出版社, 2008.

었던 해외 화교들은 노력을 아끼지 않고 최선으로 고국의 제도와 문화전통을 화인 후대들에게 주입시키는 일에 열중했다. 공자 교육 부흥운동이 전개되면서 열정적인 화인들의 창의 하에 공묘와 공묘학당이 각지에서 나타났다. 『천남신보(天南新报-Thien Nan Shin Pao)』와 『일신보(日新报-Jit Shin Pau)』는 이 시절 이와 관련한 보도자료를 남겼다.

그들이 보도한 논설, 서신, 시사(诗词)와 뉴스 보도 등은 진귀한 역사자료가 되었다. 1900년 바타비아 공묘학당의 창설은 화문교육 발전의 중요한 성과였다.

『천남신보』에는 바타비아 공묘학당 창설에 중요한 두 가지 문서를 게재했었다. 이 두 가지 문서는 『파성창건공묘학당신동방명록(吧城创建孔庙学堂绅董芳名录)』과[141] 『파성창판공묘학당장정(吧城创办孔庙学堂章程)』이다. 특히 이 장정에 나열된 내용으로부터 공묘학당 창설의 목적이 고국의 예법을 전승하고, 해외 화인사회생활에 유가문화를 주입시키는 것임을 명확하게 알 수 있다.

바타비아 여러 상인들은 중화회관을 설립하고, 월동(粤东, 광동성 동부지역)의 등순창(邓纯昌)을 주석으로 초빙했으며, 공묘학당 창설을 위한 여러 사항을 위해 여러 번 찾아 왔었다. 이에 방사인(访事人, 기

---

141) 이 명록은 『천남신보(天南新报)』, 제506호, 1900.02.21.에 기록되었다. 구체적 내용은 초10일 밤 8시, 바디관(八地贯) 중화회관에 모였다. 장인들이 모여 총리를 공동으로 추천했다. 총리직에는 황옥곤(黄玉昆), 정총리(正总理)에 반경혁(潘景赫), 부총리로는 옹수장(翁秀章), 구섭정(邱燮亭)이 추천되었으며 사서(司书)로는 진금산(陈金山), 구향빈(邱芗滨), 회계원(司库-사고)으로는 허남장(许南章), 채유덕(蔡有德), 고문으로는 구소영(邱邵荣), 협리(协理)로는 반립재(潘立斋), 진광질(陈光秩), 이금복(李金福), 이흥렴(李兴廉), 양영당(梁映堂), 호조수(胡照水), 온신신(温莘臣), 황곤홍(黄坤兴), 채기봉(蔡奇凤), 호선청(胡先倩), 정원성(郑源成), 진천성(陈天生) 등이 추천되었다.

자)은 최근 제정한 장정 절록을 얻었다. 그 내용을 보면 다음과 같았다. 회관 창립의 종지(宗旨)는 다섯 가지이다. 첫째는 애국, 둘째는 선생님 존경, 셋째는 잘 어울리고, 넷째는 인재를 육성하고, 다섯째는 백성을 사랑하자이다.

애국 조항은 네 가지였다.

(1) 성론(圣论) 홍보 : 내지에는 학당을 쉽게 찾아 볼 수 있지만, 바타비아에는 그렇지 않다. 처음 이를 시작한 사람은 복건적을 가진 사람과 객가적(客家籍)을 가진 두 사람이었다. 그들은 강의를 위해 특별히 한 곳을 지정해 수시로 강의해 일깨워줄 수 있게 했다. 학당에서 강의를 하는 것을 제창하는 열기가 형성되어 사람들의 탁월한 의론을 이끌어내도록 해야 하는데, 지나가는 사람에게 강의하지 말아야 하고, 알아들을 수 있는 사람들에게 홍보해야 한다.(一, 宣讲圣论 : 内地遍地皆讲堂, 已是司空见惯, 吧城内无此举, 初设最足动人, 延闽籍客籍二人, 为讲生择地随时讲解, 以明白晓畅为主。学堂教习有提倡风气, 激发人心之宏议, 不能执途人而语, 授意讲生宣之.)

(2) 경사스런 일을 축하 : 황제나 황후의 탄생일에는 집집마다 초롱을 달고 오색 천으로 장식을 하여 축하를 해야 한다.(二, 恭贺庆典 : 皇上万寿, 皇后千秋, 各家皆一律张灯结彩, 以志庆贺.)

(3) 기일을 존봉(遵奉) : 국가 제삿날이면 일률로 음악 연주
와 결혼을 금해 돌아간 사람들을 애모(哀慕)해야 한다.(三,
遵奉忌辰 : 遇国家忌辰之日, 一律禁止鼓乐嫁娶, 以志哀慕.)

(4) 전례를 엄수 : 회관이 창립된 후에는 이 도시의 관(冠),
혼(婚), 가(嫁), 상(丧), 제(祭) 모두가 『예경(礼经)』을 따르며,
『대청회전(大淸会典)』을 지켜 '간명범의'[142]가 나타나지 않도
록 해야 한다.(四, 恪守典礼 : 自立会后, 凡埠内冠, 婚, 嫁, 丧,
祭, 皆酌取『礼经』明文, 遵行『大淸会典』, 无使干名犯义.)

선생님을 존경하는 네 가지 조항(尊教之条目四.)

(1) 공자사당을 짓는다.(一, 建立孔子庙堂.)

(2) 공자 기년을 겸용한다.(二, 兼以孔子纪年.)

(3) 제사 예의를 상황에 따라 결정한다 : 풍기가 처음 형성
되었기에 규모가 형성되지 않았고, 제사용 접시를 사용하
고, 천우(千羽)의 춤을 추며, 군자는 기다려 경건하게 장의
(长衣)를 입고 무릎을 꿇고 절을 해야 한다. 사복을 입고
제사에 참가하면, 예를 행할 수가 없다.(三, 酌定祭祀礼仪 :
风气初开, 规模未立, 俎豆之献, 千羽之舞, 以俟君子, 然必须长衣行
跪拜礼, 以昭肃穆其有便衣参拜者, 不得领行礼之列.)

(4) 부녀들도 제사에 참여할 수 있다 : 제삿날이면 오전에
는 남자들이 예를 행하고 오후에는 여자들이 예를 행한

---

142) 간명범의 : 명교(名教)와 도의(道义)을 범한다.

다.『예경(礼经)』의 번시(燔柴)의 의를 지켜 향초와 보물, 비단을 사용하지 말고, 제물을 휴대해서는 안 되며, 첨통(签筒, 제비가 담긴 통)이나 컵으로 점을 치는 것을 영원히 금한다.(四, 妇女亦准入拜 ： 遇祭祀日, 上午男子行礼, 下午女子行礼, 守『礼经』燔柴之义, 不用香烛宝帛, 并不得携供品永远禁用签筒杯卜之事.)

어울림을 위한 네 가지 조항(合群之条目四).

(1) 낡은 습관을 타파하자 : 주객의 구분과 복건, 광동의 구별을 없애야 한다. 모든 우리 화인이라면 서로 집안의 형제와 몸의 수족처럼 여겨야 한다. 서로 도와주고 서로 단련하면서 우리 종족을 보존해야 한다.(一, 破除旧习 ： 主客之见, 闽粤之分, 正当痛除. 凡我华人, 如家之有兄弟, 如身之有手足, 互相扶持, 互相砥砺, 以保我种类.)

(2) 여러 업종의 우두머리를 연합케 한다 : 우리 광동 사람들은 생활을 유지하기 위한 72가지 업종이 있다. 각 업종의 대선당(大善堂)은 공동으로 관리를 하기에 쉽게 모금을 하고 좋은 일을 할 수 있다. 요즘 72가지 업종에서 지방 통과세를 받는 과정은 매우 효과적이었다. 중국 민권은 대체적으로 이를 시작점으로 한다. 바타비아성에는 기름 상과 미곡상은 민심이 제일 단결된 업종이기에 쉽게 이익을 얻는다. 오늘 회관을 설립하는 기회에 여러 생업관련 업

종은 자기 업종의 우두머리인 행장(行长)을 선거하도록 하며 따로 회관을 설립할 필요가 없이 중화회관에서 진행하면 된다. 장래에 회간의 각종 사무는 각 업종에서 교대로 관리하면 오래 지속될 것이다.(二, 联合行头 ：吾粤生理, 大小分七十二行, 各项大善堂皆由各行公推管理, 故集款易而造福多, 如近者七十二行各承厘金一事, 尤为大效, 中国民权殆将起点于此. 吧城惟油, 米有行, 人心最齐, 故获利最易. 今因创立会馆之便, 各项生理皆宜设立行头, 公举某人为行长, 不必另立会馆, 附于中华会馆之内. 将来会馆事, 即由各行轮值管理, 庶可持久.)

(3) 의사소통을 활발히 한다 : 본회가 설립한 것은 실용을 추구하고 인심을 연계시키기 위함이다. 선입견을 버리고 경계가 없이 다른 지방이나 멀리에서 온 사람들이 자금을 기부하려면 모두 환영한다.(三, 广通声气 ：本会之设, 志在讲求实用, 联络人心. 不设成见, 不限方隅, 其有别埠志士, 远方游客, 有愿兴助款者, 一律延揽.)

(4) 물리 연구 : 학당에서 인재를 교육하는데 장래성이 있으나 나이의 제한을 받는 사람들은 모두 학업을 수료할 수는 없다. 연구과목을 설립해 매주 정기적으로 강의를 하고 생각이 있는 여러 분들이 신문을 읽고 시사 토론을 통해 견식을 높일 수는 있다.(四, 研究物理 ：学堂教育人才, 有为境遇, 年岁所限, 不能尽人入堂肄业. 拟添设研究一科, 每周定期开堂, 有志诸君, 入座披阅报章, 讨论时事, 以增长见识.)

인재 양성 관련 다섯 가지 조항(育才之条目五).

(1) 교원을 초빙한다 : 중, 동, 서 모두 부족하지 말아야 한다. 구체적인 인원수에 대해서는 회의를 열어 결정한다.

(一, 分聘教习 : 中、东、西均不可缺, 人数多寡, 俟开堂酌定.)

(2) 학과목을 엄격하게 정한다.(二, 严定功课.)

(3) 도서를 많이 구매한다.(三, 广购图书.)

(4) 보편적으로 규범화된 발음을 배운다.(四, 通习正音.)

(5) 고등학생을 동서 전문학교에 보낸다. 학비를 낼 상황이 아닌 자에게는 학비를 지원해준다.

(五, 高等学生, 分送东西专门学校, 无力者由公款资助川资学费.)

인민(仁民)을 위한 네 가지 조항(仁民之条目四)

(1) 노인을 위한 기구를 설립한다.(一)设院恤老.

(2) 저금을 통해 세상을 구제한다.(二)储款济世.

(3) 좋은 책을 나누어 준다 : 각국의 변법을 소설로 전해 듣는 자들이 많다. 바타비아 성에는 중문으로 된 일보가 없다. 장래에 학당에서는 좋은 책과 잡지를 인쇄해 매달마다 한두 기씩 발간해 신문 역할을 할 수 있도록 한다.

(三, 派送善书 : 各国变法, 得力于小说者多. 吧城无华字日报, 将来学堂刊印善书, 每月或一两册, 即可为报章之助.)

(4) 널리 편의를 도모해준다 : 바타비아의 엄격한 금지사항들 때문에 왕래가 불편하다. 그래서 회관이 창립되었고 화

인들에게 도움이 되는 일이라면 수시로 적당한 논의를 진
행한다.(四, 广行方便 : 吧城恳百厉禁, 往来不便会馆既立, 凡有益
于华众之事, 皆可随时酌议举行.)[143]

이 장정에서 규정한 다섯 가지 원칙은 유가사상에 입각한 것으로
인자애인(仁者爱人, 인자는 타인을 사랑한다), 유교무류(有教无类, 누
구에게나 차별없이 교육을 실시한다.) 등이 포함되어 있다. 규정에 따
르면 중국의 전통 혼상관제(婚丧冠祭) 등 오례(五礼)에 관련될 경우 모
두 청나라(清朝)의 기본 법률인『대청율법(大清律例)』에 따른다고 했다.
원나라시기에 확정된 간명범의(干名犯义)[144]는 배반, 반역, 고의 살인
외에도 비친속(卑亲属, 손아래 친척)이 존친속(尊亲属, 손윗 친척)을 고
발하는 행위를 금지했다. 이런 행위는 전통법률에서 명백하게 법률로
금지된 행위였다. 만약 이를 어기면 법에 따라 형사처분을 받게 되었
다. 이 원칙의 확립은 중국의 전통 윤리도덕을 수호하기 위함이었다.
유가사상을 우러러 존경하는 것은 장정의 핵심내용으로 공묘의 설립
을 규정지었을 뿐만 아니라 공자의 기년(纪年)을 채용해 엄격하게 유
가 원전(原典)을 따랐으며, 공자에 대한 제사의식과 규격을 규정했으
며, 유가의 "자기 부모를 존경하는 마음이 다른 부모에게까지 미쳐야
한다(老吾老及人之老)"는 신조를 따랐고, 노인을 위한 기관도 설립했다.
첫 번째 화인학교가 설립된 후로 전 동인도지역의 화인교육은 빠

---

143) 『天南新报』, 제571호, 1900. 05. 09.
144) 간명범위: 유가가 정한 명분과 교훈을 준칙으로 하는 도덕관념을 어기거나 도의를 위반 함.

른 발전을 가져왔다. 중국교사들도 늘어나고, 중문으로 강의하는 화인학교 수도 많아졌다. 1908년 이런 화인학교는 75개에 학생이 5,500명 정도였지만, 1915년에 이르러 학교는 400개로 늘어났고, 학생은 17,000명에 달했다. 1931년에는 600여 개로 늘어났으며, 학생수는 30,000명에 달했다. 이런 화인학교의 학교 운영취지는 화인들 민족의식의 강화였고, 학교 선생님들 대부분은 중국에서 왔기에 중화민국교육부와 밀접한 관계가 있었다. 때문에 이런 사립 화인학교는 네덜란드인이 설립한 화인학교보다 더 환영을 받았다. 1920년에 이르러 네덜란드 화인학교는 학생 수가 줄어들어 경영이 힘들었지만, 사립 화인학교는 학생이 넘쳐났다.[145] 20세기 초, 동남아에는 바타비아 중화공묘학당처럼 중국의 전통예교문화를 화문학교의 주요 교학내용으로 하여 화인자제들에게 유가를 존중하고 나라를 생각하는 정신을 주입시키는 학교들이 적지 않았다. 인도네시아 세마랑 화인회관은 1904년에 설립된 화문학교로 신해혁명(辛亥革命)전에는 경(経)을 주요 과목으로 했다. 중국 주필리핀 초대 영사인 천강(陈纲)은 1899년에 중서학당(中西学堂-中西学校)을 설립했다. 학당 설립초기에는 개량 사숙(私塾)제도를 실시했다. 쿠알라룸푸르에도 1906년에 개설된 존공학당(尊孔学堂)이 있었다. 이 학당은 공자사상과 교육이념을 선양했기에 화인자제들에게 중요한 영향을 미쳤다. "공성묘중화학당(孔圣庙中华学堂)"으로 불리는 말레이시아 피낭 섬의 중화학당은 대표적인 학당이

---

145) [영국]W.J. 凯特: 『荷属东印度华人的经济地位』, 王云翔, 蔡寿康 등 번역, 92쪽, 샤먼, 厦门大学出版社, 1986.

었다. 중화학당은 1902년에 설립된 피낭 섬의 첫 번째 신형의 화문학교로 창설인은 주피낭섬 부영사인 장필사(張弼士)였다. 이 학당은 청조 말기 명 대신인 장지동(张之洞)이 직접 의견을 제기해서 설립되었다. 장지동은 피낭 섬에 "서원을 설립하고, 경서를 구매해 보내주었으며, 현지 영사와 지방 세도가가 타향에서 사는 유사를 선생으로 모시고 화인제자들에게 수시로 강의할 수 있도록 하라"고 했으며, "성인들의 가르침을 배우고, 중국 예의의 변치 않는 도덕 정기를 배우며, 총명한 기개를 넓게 펼치고, 수원목본(水源木本)[146]의 사상을 깊이 새겨야 하며, 혈기가 있는 사람은 견해가 있기 마련이다."[147]라고 했다.

평장공관(平章公馆)에 위치해 있는 중화학당[148]은 총교습(总教习) 1명과 12명의 교사가 있었는데, 모두 중국 국내에서 초빙했다. 학교 이사회는 14명으로 구성되었으며, 피낭 섬 지역의 제일 큰 화인조직인 민(闽)·월(粤) 두 파벌에서 선거를 통해 이사회를 구성했다. 학당은 1904년 5월에 개학했으며, 첫 학기에 8개 반 240명의 학생들을 받았다.

---

146) 목본수원(木本水源): 나무의 밑 둥과 물의 근원인 부모님을 항상 생각하고 공경해야 한다는 말.

147) 张之洞: 『奏槟榔屿宜添设领事疏』, 张煜南 편잡: 『海国公余辑录·槟屿记事本末』에 수록, 96쪽, 张煜南曾孙张洪钧仇俪, 2005.

148) "평장공관(平章公馆)"은 당시 피낭 섬과 부근 지역 화인들의 공공 조직으로 대내적으로 "평장정사(平章政事)"의 분쟁을 조정하고 대외적으로는 영국식민지배자바 대화를 하는 기구이다. 이는 회당(会党-손중산을 대표로 하는 자산계급 혁명 당인들이 아편전쟁이후의 반청복명의 취지로 결성된 민간 비밀조직 단체에 대한 총칭)/방언군(方言群)의 분열시대에 협상 체제로 변화된 조직이다. 초기 지도자는 홍문(洪门-명말 청초의 비밀 조직)에 관련된 사람으로 관제(关帝-관우)의 충성과 의리를 숭배하며 "반청복명"을 취지로 했다. 王琛发: 『张弼士, 晚清侨务与槟榔屿绅商的神道设教—从公共外交与召唤侨资两个角度解读』, 房学嘉, 周云水 등 주필: 『张弼士为商之道研究』, 6-7쪽, 광쩌우, 华南理工大学出版社, 2012.

장필사(張弼士)는 장지동(張之洞)의 도움으로 중화학당의 존재를 청나라 정부에 알렸고 청나라 정부에서 발급하는 "성교남기(声教南暨)"[149]의 편액과 『고금도서집성(古今图书集成)』을 얻었다. 장필사 본인도 조정의 동의를 얻고, 1904년 말에 정식으로 이 학교 감독으로 임명되었다. 1905년 그는 편액과 도서를 가지고 동남아시아로 돌아왔으며, 편액을 거는 의식에서 이렇게 외쳤다. "서양국가는 각 부(埠)에 서문학당을 많이 설립해 우리 화상(华商)의 자제들을 가리키고 있다. 하지만 우리 화인은 자기의 역사를 사시고 있으며, 자신의 자제를 가지고 있는데, 왜 중문학교를 설립할 수 없단 말인가?" 중화학당의 더욱 큰 발전을 위해 그는 먼저 5만 싱가포르 달러를 기부하고, 각계 인사들에게 기부에 동참할 것을 호소해 총 10만 싱가포르 달러를 모급했다. 1906년 새로운 학교 건물 건설이 정식으로 시작되었다. 학당은 중국의 전통학과와 현대과목을 가르쳤다. 학생들은 사서오경을 배울 뿐만 아니라 외국어, 물리, 수학 등 '신흥(新兴)' 과목을 배웠다.

중화학당은 청나라의 현대교육제도의 해외 구성부분으로 창립되면서부터 중국 국내 정권과 연계를 가지고 있었다. 1949년까지 피낭 섬 중화학당은 여전히 중화민국교육부 관할하의 학당이었다. 학당은 국내에서 제공하는 학과과정을 설치하고 교과서와 선생님들은 정기적으로 교육독사(教育督查)의 순시를 받았다.[150] 공교(孔教)부흥운동 과

149) 성교남기(聲敎南暨) : 사해로 천자의 명성·위엄(声威)과 교화(敎化)을 떨치는 것.
150) [오스트레일리아]颜清湟:『新马华人社会史』, 粟明鲜, 陆宇生 등 번역, 281~283쪽, 베이징, 中国华侨出版公司, 1991.

정에서 장필사와 중화학당은 열정적으로 공교부흥운동에 참가했다. 그는 학교에서 애국과 공자 존중교육을 시행했다. 장지동 등은 1903년에 수정한 『주정학당장정(奏定学堂章程)』에 따라 학교 내에 공묘를 설립해 전통신앙문화의 현대학당의 모습을 이어가게 했다. 학교 규칙 요강 제4장에는 이런 규정이 있었다. "황태후, 황상의 만수성절(万寿圣节), 공사 선사(先师)의 탄생일과 청명, 단양(端阳), 중원(中元), 중추(中秋), 동지에는 하루 휴식한다." 제6장의 내용은 이러했다. "본 학교 개학일인 매달 삭일(朔日, 음력으로 매달 초하룻날)에는 감독과 교원, 사무인원들이 학생들을 거느리고 성선사(圣先师) 앞에서 삼궤구고(三跪九叩)[151]의 예를 행한다."[152] 1911년 피낭 섬 공묘(孔廟)가 낙성되어 싱가포르의 뒤를 이어 공교부흥운동의 중심이 되었다. 이는 중화학당과 피낭 섬 지식계가 강한 유가 분위기를 띠고 있었기 때문이었다.

중화학당이 개설되고 황제가 하사한 편액을 받게 되면서 동남아시아 각 지역의 화교들은 화문교육에 더욱 큰 열정을 보여주었다. 신식교육도 큰 진보를 가져왔다. 싱가포르에는 위에서 도남(道南)학교 외에도 몇 개의 중요한 학교가 있었다.

1903년 1월에 창립된 숭정(崇正)학교는 처음에는 양정학당(养正学堂)이라는 이름으로 의숙(义塾)적 성질을 띤 학교였다. 발기인으로는 오수진(吳寿珍, Goh Siew Tin), 탄초람(陈楚楠, Tan Chor Lam), 종안정(钟

---

151) 삼궤구고 : 청나라 시대에 황제나 대신을 만났을 때 머리를 조아려 절하는 예법.
152) 王琛发:『张弼士, 晚清侨务与槟榔屿绅商的神道设教—从公共外交与召唤侨资两个角度解读』, 房学嘉, 周云水 등 편집:『张弼士为商之道研究』, 10쪽, 광쩌우, 华南理工大学出版社, 2012.

安定), 왕호(王戽), 황옥봉(黃玉棒), 언정년(颜贞年), 왕회의(王会仪) 등이 있었다. 미지율(美芝律, 싱가포르 Beach Road의 복건지역 발음)에 있는 합춘(合春)회사에 학교교실을 두었으며 초대 교장은 진광파(陈光波) 선생이었다. 1904년 이사회 상청궁(商请宫) 이사는 쓰고 남은 공양금을 학교 경비로 사용했다. 이렇게 학교는 점차 규모를 갖추기 시작했으며, 1909년에 숭정학교로 이름을 고쳤다. 학생이 날로 많아지면서 원래 건물의 교실이 부족해지자 다음해 6월에 미지율 378호로 이사를 했다. 이렇게 숭정학교는 넓은 교실과 운동장을 가지고 있는 큰 규모의 학교가 되었다.

양정(养正)학교는 1905년 3월 6일에 창설되었으며, 원래는 광동조경학당(广东肇庆学堂)이라는 이름이었으며, 광동 조경(肇庆)의 적(籍)을 가진 화교인 하락여(何乐如)·엽계윤(叶季允)등이 창설하였다. 그 후에 혜주적(惠州籍)의 화교가 학교경영에 가입하면서 이름을 광조혜(广肇惠)양정학교로 이름을 바꾸었다. 육돈규(陆敦骙)가 교장을 맡았다. 1907년 1월에 양정학교로 개명을 했으며, 송대림(宋木林)이 교장을 맡았다. 1914년에는 반일부(半日部)를 개설해 영문학교 화교학생들이 중문을 학습할 수 있도록 했다. 1915년에는 여성부를 증설했다. 하지만 당시 교육부의 규정에 따르면 남교에서는 12세 이상의 학생들을 받을 수 없게 되었기에 여성부는 점차 사라졌다. 영경란(宁镜澜) 등은 1928년 2월 13일에 정방여교(静方女校)를 세웠다. 1923년에는 사범반(师范班), 중학부 및 공독야학부(工读夜学部)를 개설했다.

단몽학교(端蒙学校)는 1906년 10월 1일에 설립되었다. 단몽학교의 전신인 단몽학당은 조주(潮州)적 화교그룹인 이안(义安)회사 진운추(陈云秋), 요정흥(廖正兴-Lim Kee Cheok) 등이 창설했다. 진운추가 교장을 맡았고, 채자용(蔡子庸)이 총리를 맡았다. 1912년에 지금의 이름으로 개명했다. 1917년에 이르러 학생은 365명에 달했는데, 대부분은 조주적 화교들의 자녀였다. 영문과목 외의 모든 과목은 조주화(潮州话)로 강의했다. 육영중학(育英中学-Yuying Secondary School)의 전신은 1910년 해남(海南)적 화교상인인 왕소경(王绍经) 등이 창설한 육영학교이다. 왕소경, 진개국(陈开国), 진국경(陈国卿) 등이 이사회 주석을 역임했었다. 1911년에 개학했으며, 1914년 광동성 성정부에서 교장(校章)을 발급했다. 1925년에 이르러 학생 400여 명이 되었다. 일제점령기간에 운영을 중단했었다. 배화학교(培华学校, PeiHwa School)는 전도사 허요셉(许约瑟)이 1889년에 마차로미(马车路尾)에 있는 예배당 부근에 창설한 학교로 산터우(汕头)에서 온 전도사와 선생님들이 교학을 책임졌으며, 처음에는 "마차로미의학(马车路尾义校)"라고 불렀다. 창립초기에는 성경, 찬가, 척독(尺牍), 주산을 가르쳤으며, 조주화로 강의를 했다. 학생들에게서 학비를 받지 않았을 뿐만 아니라 교과서와 문구도 무료로 제공했다. 1903년에 허 씨가 돌아간 후, 새로운 전도사는 허 씨의 유지를 받들어 의학(义学)을 계속했다. 하지만 학생 수가 줄어들어 의학은 잠시 중단되었다. 1912년 요천익(廖天益) 목사가 마차로미 예배당을 주관하면서 학교는 다시 문을 열었지만, 5년 후에 다시 중단되었다.[153] 중화민국이 건립된 후, 정부는 해외화인들의 교육도 중시했다. 해외 화교자제들을 위한 화교학교를 설립했을 뿐만 아니라『교민자제귀국 취학 규정(侨民子弟回国就学规程)』을 제정해 화교자제들에게 도움을 주었으며, 해외 화문교육의 발전에도 힘썼다. 문화 참사관을 영사관에 파견해, 화교들이 해외에 설립한 화교학교를 지원했다. 지금까지도 운영되고 있는 해외 화교학교 모두가 이 시기에 설립된 것이다. 1912년 필리핀 일로일로(Iloilo)시 중화 상공회에서는 루손(Luzon) 섬에 화교 중서학교를 실립한 후 두 번째 화교 학교인 중화실업학교(中华实业学校)를 설립해 60여 명의 학생들을 모집했다. 1914년 필리핀 마닐라 화교교육회가 창립되었다. 중국 주필리핀 총영사 류이(刘毅)가 학교 설립대회에 참가했다. 이는 화교 교육문제에 대한 민국 정부의 관심을 보여준다고 할 수 있다. 1915년 세부 중화회에서 '중화학교(中华学校)'를 설립했다. 그 후로 화문교육은 빠른 발전을 가져왔다. 1917년부터 1924년 사이에만 필리핀 각지에는 30여 개의 화교학교가 설립되었다.[154] 화교교육회는 화교교육 방면에서 큰 노력을 기울였다. 1912년 광동적 국민당인은 애국학교를 창설했고, 1917년 보지열(普智阅)신문사에서는 보지학교(普智学校)를 창설했으며, 1919년 민상회관(闽商会馆, 복건상인회관)은 민상학교(闽商学校)를 창설했고, 화교공인연합회는 화교공회 등을 설립했다.

---

153) 이상 몇 개의 신식 학당 소개는 2010년 지린대학(吉林大学) 박사학위논문인 우밍강(吴明罡)의 『근대남양화교교육연구(近代南洋华侨教育研究)』에서 발췌했다.

154) 赵振祥, 陈华岳, 侯培水 등『필리핀华文报纸史稿』, 32쪽, 베이징, 世界知识出版社, 2006.

이 학교들은 모두 필리핀 화교교육회에 등록하고 승인을 얻었으며, 교육회는 학교에 대한 행정감독을 실시했다.[155]

3. 여자교육

사상개방의 열조와 더불어 화교여성들도 교육을 받을 수 있게 되었으며, 신식교육의 주요 구성부분이 되었다. 동남아시아 첫 여학교는 싱가포르 중국여자학교(新加坡中国女子学校)였다. 1900년에 설립된 이 학교의 창시자는 임문경이었다. 1898년부터 임문경은 위원회를 조직해 학교설립을 계획했으며 학교 건설용 토지를 제공했다. 1900년부터 정식으로 학생을 모집했는데 처음에는 7명의 학생이었지만, 얼마 지나지 않아 30여 명으로 늘어났다. 임문경의 부인인 황단경(黄端琼)이 사업을 대폭 지지해주었다. 그녀는 고급반에서 어문을 가르쳤다.

학교는 가정학과 음악, 체육 등 과목을 개설했다. 임문경의 사회활동 파트너인 구숙원(邱菽园)은 3,000여 원을 여자학교에 지원했다. 여자교육을 더욱 잘 실행하기 위해 임문경은 매체를 통해 여자교육의 중요성을 홍보했다. "만약 여자가 교육을 받지 못한다면 그 여자들이 속해 있는 민족의 절반이 무지의 상태가 되고, 퇴화되는 상황에 처해질 수 있기 때문에, 그 민족은 큰 진보를 가져올 수 없다."[156] 구숙원은 여자학교를 위해 유학 독본을 개편했다.

싱가포르에 여자학교가 설립되면서 화교여성들이 학교교육을 받아

---

155) 赵振祥, 陈华岳, 侯培水 등: 『菲律宾华文报纸史稿』, 33쪽, 베이징, 世界知识出版社, 2006.
156) 吴明罡: 『新加坡华侨女子教育研究』, 『吉林广播电视大学学报』, 2010 (3).

야 하는 문제는 동남아시아 화교사회의 광범한 토론을 야기했다. 비록 많은 화교들의 우려가 있었지만 화교여자에 대한 교육은 지속적인 발전을 가져왔다. 일부 지연회관(地缘会馆)에서는 그들의 여자학교를 건설하기 시작했다. 복건회관(福建会馆) 숭복(崇福)여교, 1907년 이포 (Ipoh)에 설립된 화문학교, 1908년에 설립된 쿠알라룸푸르의 곤성(坤成)여교, 1917년 싱가포르에 설립된 남화(南华)여교 등이 그것이었다. 1930년대에 이르러 중등교육기구도 나타나기 시작했으며, 여자중학도 나타났다. 많은 여학교 가운데서 제일 영향력이 있던 학교는 싱가포르의 남양여자학교(南洋女子中学)였다. 남양여자중학은 1917년에 남양여학교의 기초에서 설립되었다. 남화여고는 싱가포르에서 비교적 유명한 여학교였다. 1917년 탄초람(陈楚楠), 장영복(张永福), 장희표(庄希表), 임서헌(林瑞轩) 등은 쑨중산(孙中山) 선생의 호소에 따라 여자학교를 설립했으며, 첫 해에 백 명이 넘는 학생들을 모집했다. 1930년 남화여학교는 남양여자중학으로 이름을 고쳤다. 남양에서 유명한 남영여고에는 싱가포르 화교의 자제들뿐만 아니라 동남아시아 기타 국가의 여자들도 찾아왔다. 남양여자중학교를 졸업한 학생 중 유명한 학생인 탁일춘(卓一春)은 12살에 홀로 인도네시아의 작은 어촌마을을 떠나 싱가포르로 유학을 왔다. 남양여중은 설립되어서부터 수많은 우수한 여성인재를 배양했다. 싱가포르 부녀운동의 선구자인 진취항(陈翠嫦), 여자교육가 유패금(刘佩金), 싱가포르 초대 민선 대통령 부인인 임수매(林秀梅) 등은 모두 이 학교를 다녔었다.

제3절
전통 신명과 화인 종교

　귀신신앙은 중국 전통문화의 중요한 구성부분이다. 마오쩌둥이『후
난농민운동고찰보고(湖南农民运动考察报告)』에서 지적한 것처럼 중국의
전통사회는 세 개 시스템의 지배를 받았다. 즉 정권시스템, 가족시스
템, 귀신시스템이었다. 화인들의 집거하는 지역 또한 모두가 그러했
다. 동남아시아 화인들 사이에서 비교적 성행했던 종교형식으로는 화
인전통종교인 한화불교(汉化佛教)와 마조(妈祖) 같은 민간종교 신앙 및
이슬람교와 기독교가 있었다.

1. 화인 종교

　동남아시아 화인들이 신봉하는 '전통' 신령은 그 가지 수가 많아 잡
다해서 시스템을 이루지 못했다. 아래의 표는 인도네시아 바타비아
화인사회에서 18세기 이전에 건설된 화인 사당의 상황이다.

　사원(廟) 조사를 통해 동남아시아 화인들은 고향의 향민들과 마찬
가지로 여러 신명들을 신앙하고 있음을 알 수 있다. 불교의 관세음과
불타, 도교의 청원진군과 천제, 동남연해의 특징인 마조와 대백공(大
伯公, 토지신), 업계의 신(神)인 루반(魯班, 장인들의 수호신—역자 주)
과 무성(武聖)인 관제(關帝) 등이 있었을 뿐만 아니라 심지어 가족의

조상을 신으로 모시는 곳도 있었다. 이와 같은 신앙대상의 다양화가 바로 중국인 종교 신앙의 특징이다. 중국인의 종교 신앙은 기독교·이슬람교의 유일신과는 완전히 달랐다. 바타비아뿐만 아니라 기타 동남아시아지역도 마찬가지였다. 한 사원(廟)에 여러 신이 함께 있는 현상이 보편적이었던 것이다.

■18세기 이전에 건설된 화인 사당 상황

순위	묘우(庙宇)	완성시간	신앙대상	건축인
1	금덕원(金德院)- (관음정, 观音亭)	1654- 1669년	관세음	곽교관(郭乔观), 곽훈관(郭训观), 곽군관(郭郡观-갑필단)
2	안휼대백공묘 (安恤大伯公庙)	1654년	토지신 대백공(土地神大伯) 및 그의 아내 백파(伯婆)	임채관(林钗观-뇌진란)
3	보은사(报恩寺)	1660년	관음	미상
4	단융상제묘 (丹绒上帝庙)	1669년	현천상제(玄天上帝)- (천제, 天帝)	대상훈(戴上熏) (단융 사탕공장주인)
5	대사묘(大使庙) (봉산묘, 凤山庙)	1755년	청원진군(清源真君)	미상
6	진씨조묘 (陈氏祖庙)	1757년	진원광(陈元光) (추인 선조)	진씨족인(陈氏族人)
7	홍계청수조사묘 (洪溪清水祖师庙)	1759년	보족선사(普足禅师)	미상
8	완겁사(完劫寺) (신총묘(新冢庙))	1760년	불타(佛陀)	임집광(林缉光) (갑필단)
9	마조묘(妈祖庙)	1784년	마조임묵낭 (妈祖林默娘)	미상
10	지장원(地藏院) (삼보묘, 三宝庙)	1789년	지장보살(地藏菩萨)	미상
11	단융가일대백묘 (丹绒加逸大伯公庙)	1792년	토지신(土地神)	미상
12	노반야묘 (鲁班爷庙)	18세기 80연대	노반(鲁班)	미상
13	관제묘(关帝庙)	1788년	관우(关羽)	복건 남정(南靖) 사람

삼보롱(三寶壟)의 삼보사당(三保廟).

　예를 들면 싱가포르의 옥황전(玉皇殿)에는 도교 계통의 옥황상제(玉皇大帝), 남두육성(南斗六星), 북두칠성(北斗七星), 이십사천장(二十四天將), 삼원대제(三元大帝)와 십이화신(十二花神) 등의 신기(神祇)를 모셨을 뿐만 아니라 장엄하고 엄숙한 여래불(如來佛), 관음보살(观音菩萨), 지장왕(地藏王), 아미타불(阿弥陀佛) 등 불교의 신상도 있었으며 지방 신령도 있었다. 사라왁(Sarawak)의 영안정대백공신묘(永安亭大伯公神庙)에는 대백공 신상이 있었을 뿐만 아니라 관음(观音), 관성제군(关圣帝君), 나타(哪吒), 주생낭랑(注生娘娘), 동악대제(东岳大帝) 등의 신명도 모시고 있다.[157] 불교가 혼잡하고 전통종교와 민간 신령들이 공생했

---

157) 张禹东:『东南亚华人传统宗教的构成, 特性与发展趋势』,『世界宗教研究』, 2005(1).

삼보롱(三寶壟)에서 성대하게 거행된 삼보대인(三寶大人) 농(壟)의 606주년 경축의식.

던 것이다. 모든 신명 가운데서 마조낭랑은 비교적 중요한 신이라 할 수 있었다. 동남아시아 화인들은 주로 푸젠(福建) 남부와 광동, 광시지역에서 바다를 통해 동아시아에 이주했기 때문에, 화인들 가운데서 제일 성행하는 신앙이 바로 항해를 보우(保佑)해주는 해신(海神)인 마조(妈祖)에 대한 신앙이었다. 동남아시아 화인들의 집거지역에는 모두 마조묘가 있었고, 강력한 세력을 가진 화인 파벌들은 자체적으로 마조를 모시는 사당을 짓기도 했다. 사당은 화교 우두머리들이 파벌의 사무를 처리하고, 현지 지연조직의 공공사무를 처리하는 장소가 되었다. 싱가포르 해남회관(海南会馆)의 천후궁(天后宫), 푸젠방(福建帮)의 천복궁(天福宫), 미얀마 푸젠방의 경복궁(庆福宫) 등이 바로 이런 사당이었다. 대백공(大伯公)은 동남아시아 화인 스타일의 신령이라 할 수 있다. 대백공은 토지신으로 지역을 보호해주는 역할을 맡고 있었다. 토지신 숭배는 중국 민간 신명숭배의 주요한 구성부분으로 오늘날에도 중국 여러 지역에는 토지신을 모신 사당이 적지 않게 존재하고 있다. 하지만 '대백공'이라는 칭호는 동남연해의 객가인(客家人) 혹은 조주인(潮州人)이 지어준 것으로 푸젠 남부지역에서도 유행되지 않았다. 때문에 동남아시아로 이주하기 전에 푸젠적(籍) 화인들은 이 칭호를 쓰지 않았다. '대백공'이 동남아시아 화인들이 토지신을 부르는 칭호가 된 후에 동남아시아 화인들 공동의 신앙이 되었다. 바로 푸젠, 차오쩌우와 객가인 등 다른 사회집단의 신앙문화가 동남아시아라는 특정 환경에서 교류하면서 서로 융합된 결과라 할 수 있다. 그 밖에도 중국의 전통 신령인 남해관음(南海观音), 중국의 전통가치 취향을 대표하는 관공(关公) 등 신령도 해외 화인들의 숭배대상이 되었다.

2. 화인 종교의 작용

종교 신앙은 화인 전통을 유지해주었을 뿐만 아니라 화인사회의 질서유지에 적극적인 역할을 했으며, 많은 화인들이 타향에서 낙관적으로 생활할 수 있는 정신적 지주가 되었다. 남양지역에서 화인 종교의 작용은 주로 다음과 같은 몇 가지가 있다.

첫째는 자선 기능이다.

자선은 종교를 실천하는 주요한 방식으로 사원은 종교를 행하는 곳이고 자선은 종교의 기능이다. 사원은 곤경에 처해 있는 화인들에

태국 화교들의 보덕선당(報德善堂).

게 도움을 주고 정신적 기탁을 하는 대상이 되는 작용을 마다하지 않았다. 그들은 빈곤하고 외롭고 힘이 약한 사람들의 기본적 생활을 보장해주었고, 처음 동남아시아에 발을 들여 놓는 사람들이 생계를 유지할 수 있도록 인도해주었다. 바타비아성의 화인들은 난관에 봉착하면 보통 불교, 도교, 종사(宗祠) 등 여러 사원에 도움을 요청했다. 화인 사원은 도움을 주는 방면에서 적극적인 작용을 했으며, 미색감(美色甘)의 자선 기능을 분담했기에 미색감은 바타비아성 자선사업의 기대에 못 미친다고 화인들의 반대를 받았다. 타이도 마찬가지이다.

타이에서 제일 대표적인 자선 기구는 보덕선당(报德善堂)으로 종교가 자선을 실행하는 대표 사원이다. 1910년, 타이 차오쩌우방(潮州帮) 우두머리 정지용(郑智勇) 등 12명은 공동으로 방콕 박포시(拍抛猜)거리에 땅을 구매해 비교적 규모를 갖춘 "대봉조사묘(大峰祖師庙)"[158]를 지어 이름을 "보덕당(報德堂)"이라고 했다. 1936년, "시암 화교보선당(华侨報德善堂)"으로 개명했다. 1937년 보덕선당은 화교 조산원(助产院)을 꾸렸다. 이 조산원은 화교병원으로 확장되었다.

1942년, 화교병원은 병원 부속 조산학원을 꾸렸다. 이 학교는 화교 숭성대학(崇圣大学)의 전신이다. 이 학교는 보덕선당이 창설하고 운영한 학교로 비영리적 사립대학이다.

둘째는 지역사회를 단결시키고 화인들의 사회 응집력을 향상시켰다는 점이다. 화인 종교의 이 기능에 대해 말레이시아 학자 왕침발(王琛发)은 이렇게 논술했다. "그 시대는 자연재해와 사람으로 인한 재앙을 모두 예측하기 어려운 시기였다. 때문에 신앙은 매우 중요한 부분이 되었다.…남양에서 종교 활동은 보통 사회 집단의 단결을 상징한다. 넉넉한 경제 상황과 개인의 평안, 지역의 안정을 바라는 사람들의 마음을 달래주는 한편 신명은 한 사회 집단이 공동으로 신임하는 대상이다.…(사당은) 여기에서 공동 신앙의 중심 역할을 하고 타향에서 단결을 강화하는 작용을 하며 사회역량의 중심을 잡아 주는 역할을 한다."[159]

---

158) 대봉조사(大峰祖師)는 송조시기의 사람으로 성은 임(林)이다. 광둥 차오안(潮安)현에 홍수재해가 들었을 때에 81세 고령의 그는 자선에 앞장서서 진료소를 구리고 시체를 받아 화장을 했으며 음식을 공급하고 다리를 건설했다. 차오쩌우 사람들은 그가 죽은 후에 신선이 되었다고 여겼기에 그를 "신"으로 칭했다. 그는 차오안현이라는 지방에서 모시는 신령이다. 대봉조사묘 건설을 제기한 정지용은 차오안현 사람 이었기에 그가 대봉조사를 모시는 것은 지극히 정상적인 일이었다.

159) 曹云华:『变异与保持: 东南亚华人的文化适应』, 279쪽, 베이징, 中国华侨出版社, 2001.

벽산정(碧山亭) 신, 구 대사원(廟).

셋째는 화인들의 고유전통을 공고히 하고, 문화계승을 유지하도록
했다는 점이다. 화인 종교는 중국 전통문화의 중요한 부분이다. 불
교, 도교 및 선조숭배는 동남아시아 화인들의 제일 보편적인 종교 신
앙을 형성해 기타 민족과 종교지지를 통해 동화하려는 세력에 맞섰
다. 오늘날에도 화인들의 종교생활은 주요한 위치에 있다. 1980년대
학자들의 조사연구 결과에 따르면 싱가포르 화인 종교 신앙 중에서
불교, 도교, 선조숭배와 기타 화인 종교는 전체의 63.8%를 차지했다.
만약 21.1%의 무종교인사를 제외하면 화인신도들 가운데서 화인 종
교를 신앙하는 비례는 81.0%에 달했다. 말레이시아 화인 신도들 중
이 숫자는 71.1%에 달했다. 이슬람교인들이 87%에 달하는 인도네시

아에서 이 숫자는 38.5%였다. 당시 말레이시아 화인들 가운데서 이슬람교를 믿는 사람은 겨우 1%뿐이었다. 1990년대 싱가포르와 말레이시아의 다른 한 종교신앙 상황 전문 조사에 따르면 말레이시아 화인 신도 중 화인 종교의 비례는 88.5%였고 싱가포르는 68%였다.[160] 말레이시아 향촌지역에서 5~6대 화인은 장기간 현지에서 생활하면서 말레이시아 화 되었다. 집에서 그들의 화인신분을 알 수 있는 것은 바로 거실에 놓인 선조 위패나 기타 화인신앙의 전통 신들이 위패입니다.[161] 이는 전통을 향한 그리움과 근원에 대한 사랑을 보여준다. 이런 전통의 힘은 화인 종교의 대를 이은 계승을 통해 보여줄 뿐만 아니라 엄격하고 전통특색을 지닌 종교의식을 통해 표현된다. 예의제도는 중국 전통문화의 중요한 부분으로 줄곧 화인들의 중시를 받아왔다. 싱가포르에서는 자기 가족의 선조들에게 제사를 지낼 뿐만 아니라 종친회나 동향회라는 집단의 총분(总坟)에 성묘를 한다. 이 전통은 식민시대에서 지금까지 계속 되고 있다. 매년 봄과 가을이면 싱가포르 각 사회집단은 벽산정(碧山亭) 등에서 성묘를 한다. 벽산정에서 봄과 가을에 제사를 치르는 것 외에도 광주, 혜주(惠州), 조경(肇庆) 세 지역 옛 사람들이 매장되어 있는 곳에서 초도(超度-불교 혹은 도교에서 비구중이나 비구니 혹은 도사가 망자를 위해 경을 읽고 참회하고 예배하는 의식-역자 주)를 하는 "만연승회(万缘胜会)"가 열린다.

160) 관련 수치는 싱가포르와 말레이시아 학자가 연구에서 발췌했으며 필자가 다시 계산했다. 曹云华：『变异与保持:东南亚华人的文化适应』, 270~271쪽, 베이징, 中国华侨出版社, 2001.
161) 曹云华：『变异与保持: 东南亚华人的文化适应』, 280쪽, 베이징, 中国华侨出版社, 2001.

이 법회(法会)는 싱가포르 화인 중 제일 큰 규모의 제사의식으로 보통 3일 낮 4일 밤 진행된다. 승려, 도인, 비구니 등 세 개 제단이 있으며, 불교와 도교 두 종교는 공동으로 "저승을 안정시키고 망령을 위로하여 효자 현손(賢孫)들의 마음의 위안을 받는" 초도를 진행했다.[162]

---

162) 曾玲:『越洋再建家園─新加坡华人社会文化研究』, 168쪽, 난창(南昌), 江西高校出版社, 2003.

제4장

화인 국가의 법률문화 : 싱가포르

제1절

근대 싱가포르 공교(孔敎)부흥운동

싱가포르는 사성(獅城)이라고도 불리는데 말레이시아 반도의 남쪽에 있는 동남아시아에서 화교가 제일 많은 국가이다. 전국 인구의 75%이상을 차지하는 화인은 전체 인구에서 절대적 우세를 차지한다.

이 때문에 중국의 전통법률문화를 포함한 중국의 전통 문화는 싱가포르 법률의 형성과 발전에 중요한 영향을 미쳤다. 1819년에 싱가포르가 개항한 뒤로부터 지금까지 중국의 전통 법률문화는 싱가포르 법률문화에서 중요한 역할을 했다. 주로는 유가가 싱가포르에 미친 영향에서 표현된다. 19세기말 20세기 초에 열렬하게 진행된 공교(孔敎) 부흥운동은 유가가 싱가포르에 큰 영향을 미친 중대한 사건이다.

1. 공교부흥운동의 원인-무술변법(戊戌变法)

1895년 "공차상서(公车上书)"는 공교 부흥의 지도자인 캉여우웨이(康有为)를 중국근대사의 무대 중심으로 떠밀어 놓았다. 모순과 위기로 가득했던 청나라 말기의 사회에서 캉여우웨이는 탁고개제(托古改制, 옛 것을 기반으로 제도를 개혁하는 것-역자 주)의 길을 선택했다. 사실 캉여우웨이의 선택은 오랫동안의 생각을 거쳐 내린 판단이었다. 1881년에 그는 이미 '탁고개제' 론을 기초로 첫 번째 저작인 『신학위

경고(新学伪经考)』를 완성했으며, "공차상
서" 3년 전인 1892년에 『공자개제고(孔子
改制考)』를 구상하고 창작하기 시작했다.
1895년부터 그는 량치차오(梁启超)와 함
께 공교부흥운동을 시작하면서 자신의
사상을 실천에 옮기기 시작했다. 1897년
캉여우웨이는 광서(广西) 계림(桂林)에서
학술강연을 하면서 오로지 공교(孔敎)를
연구하고 홍보하는 단체인 성학회(圣学

필리핀 최초 화인 신문인 『화보(華報)』를
창간한 양유홍(楊維洪)

会)를 창설했다. 캉여우웨이는 직접 『양월광인선당성학회연기(两粤广仁
善堂圣学会缘起)』와 『성학회장정(圣学会章程)』을 작성했다. 『연기(缘起)』에
서 캉여우웨이는 성학회를 "공교를 홍보하는 중심"으로 생각했다. 즉
"오늘 본당(本堂)에서 이 회(会)를 설립하는 것은 대략적으로 옛 사람
들이 학교를 꾸리는 것과 같은데, 여러 가지 방법으로 견문을 넓히고
좋은 기풍을 만들어 선성(先圣) 공자의 교를 홍보해 국가에 유용한
인재를 양성하고, 우매하고 어리석은 습관을 버리고, 자애로움을 가
질 수 있도록 하기 위함이다."라고 했던 것이다. 성학회는 다섯 가지
중점이 있었다. "경자일에 사대부들은 경에 대해 배송하며 예를 위하
고, 서적과 기물의 구매, 신문 발행, 의숙 설립, 삼업을 실시한다.(庚
子拜经, 广购书器, 刊布报纸, 设大义塾, 开三业)"[163] 1898년 그는 광서제(光
绪帝)에게 "공자를 국교(国教)로 하고 교부(教部)의 교회(教会)는 공자의

---

163) 康有为: 『康有为全集』, 제2집, 268~269쪽, 베이징, 中国人民大学出版社, 2007.

기년을 따르며 음사(淫祀, 나쁜 신에게 지내는 제사)를 폐지해야 한다.(请尊孔圣为国教立教部教会以孔子纪年而废淫祀折)"면서 "교부를 설립한다는 조서를 내리고, 각 행성(行省)에 교회를 설립해 강생(讲生, 설명)을 하며, 민간에서 묘(廟, 사당)를 지을 수 있도록 하고, 공자에게 제사를 올려 하늘과 같이 모셔야 하며, 공자 기년을 실행해 이를 국교로 받들어야 한다.(乞明诏设立教部, 令行省设立教会讲生, 令民间有庙, 皆传祀孔子以配天, 并行孔子祀年以崇国教)"[164]고 하면서 공자를 지고지상의 지위로 올려놓았고, 공자의 공교를 예수의 기독교, 마호메트의 이슬람교와 같이 여겨야 한다고 했다. 무술변법의 실패는 공교부흥운동의 종말이 아니었다. 사실은 무술변법이 끝난 후에야 공교부흥운동이 열기를 띠게 되었다고 할 수 있다.

무술변법이 실패한 후에 날로 격화되는 국내모순에 청나라 정부는 공교를 내세울 수밖에 없었다. 1906년 청나라 정부는 공자에 대한 제사의 격을 높이라는 칙령을 내렸다. 이에 해내외 공교도들은 몹시 기뻐했다. 1912년 청나라 정부가 멸망하자 해외에 망명중인 캉여우웨이는 공교회를 재건하려는 구상을 토로했다. 1912년 4월 그가 친구에게 보낸 편지인 『중원(仲远)에게 보내는 편지(致仲远书)』에 이렇게 기록했다.

근일 예속(礼俗)이 몰락하고, 교화(教化)가 사라지는 등 큰
변화가 나타났는데, 하루아침의 혁명 때문이 아니라 중국

---

164) 康有为 :『康有为全集』, 제4집, 283쪽, 베이징, 中国人民大学出版社, 2007.

오천 년 정치와 종교가 끝나는 혁명으로 앞으로 나아가야
할 근거도 뒤로 물러설 곳도 없게 되었다. 공교를 폐지하자
는 여론이 많아지니 여간 놀랍지 않고, 깊은 구렁텅이에 빠
진다면 아무런 귀속이 없을 것이다. 아, 비통하구나! 우리
중국이 이런 상황에 처하기는 처음이다. 비록 시대가 크게
변했다고는 하지만, 반드시 이 곤란을 구제할 사람이 나타
나야 하는데 바로 지금이다. 나는 공교회를 회복해 진흥시
키고자 한다.(近者大变, 礼俗沦亡, 教化扫地, 非惟一时之革命, 实
中国五千年政教之尽革, 进无所依, 退无所据, 顷并议废孔教, 尤为可
骇, 若坠重渊, 渺无所属, 呜呼痛哉! 自吾中国以来, 未危变若今之甚
者也. 虽然, 时变之大者, 必有夫巨子出济艰难而救之, 今其时也. 吾
欲复立孔教会以振之.)[165]

　공교회의 실질적 집행인인 그가 만목초당(万木草堂)에서 강의를 하
던 시기에 천환장(陈焕章)이라는 학생이 있었다. 1912년 10월 천환장
은 상하이에서 공교회를 창립했다. 그는 『공교회서(孔教会序)』에서 공
교회가 "국내에서 시작되었지만 해외에도 널리 퍼져 인심을 만회하고
국운을 유지하고 공자의 교가 번창해져 중국의 빛이 밝게 빛나기를
바란다."[166]고 했다. 1913년 국내외의 주요 도시에 130여 개의 공교회
지부가 창립되었다. 공교부흥운동은 북양정부(北洋政府)의 위안스카

165) 上海市文物保管委员会编: 『康有为与保皇会』, 369쪽, 상하이, 上海人民出版社, 1982.
166) 陈焕章: 『孔教会序』, 『孔教会杂志』, 제1권 제1호.

이(袁世凱)를 포함한 보수파 고위층 인사들의 중시를 받았고, 공교운동은 일정한 성과를 얻었다. 1913년 "천단헌초(天坛宪草)"에는 유학 관련 조목이 있었다. 제19조의 내용은 "국민교육은 공자의 도를 큰 근본으로 수신한다"였다. 제1기 공교대회는 취푸(曲阜)에서 열렸다. 캉여우웨이는 총회 회장으로 선출되었다. 위안스카이는 황제라고 칭하면서 국내의 모든 지지 세력들을 총동원했다. 그는 천환장(陈焕章)을 대통령 고문으로 임용했다. 1914년 위안스카이는 제천(祭天)을 회복하는 동시에 공자에게 제사지내는 것을 회복한다고 했다. 공교회 내부는 파벌이 많아 여간 복잡하지 않았기 때문에, 교회와 북양정부의 관계는 번복이 심했다. 공교회는 여러 차례 국교로 만들려고 노력을 했지만 시종 실현하지 못했다.

1918년 천환장 등은 공성당(孔圣堂) 건설을 위해 모금을 하기 시작했고, 공교총회당(孔教总会堂)을 건설하고 공교대학을 개설했으며, 여러 지점에서도 각종 활동을 진행하면서 공교부흥운동은 재차 활발하게 진행되었다. 하지만 좋은 상황은 얼마 지속되지 못했다. 공교부흥운동과 함께 진행된 신문화운동이 열기를 띠기 시작했다. 1915년부터 천두슈(陈独秀)는 반공급선봉(反孔急先锋)으로 취임했다. 또한 일부 인사들은 위안스카이에게 공교회의 "존공독경(尊孔读经)"과 첨예하게 대립되는 "비림비공(批林批孔)"을 언급했다. 천두슈의 『청년잡지(青年杂志)』와 공교회의 『공교회잡지(孔教会杂志)』, 천환장의 『경세보(经世报)』가 날카롭게 대립하고 있었다. 1921년부터 공교부흥운동은 빠른 속도로 몰락하기 시작했다. 공교회는 정부의 압력에 의해 공학회(孔学会)로

개명했으며, 점차 쇠퇴해지고 사라졌다.[167]

2. 싱가포르에서의 공교부흥운동

싱가포르는 공교부흥운동의 해외 중심지역이었다. 국내에서 시작된 공교부흥운동은 싱가포르에서는 다른 형태였다. 캉여우웨이, 량치차오의 국내 제도개혁 주장이 침체된 공교부흥운동은 조금 늦게 시작된 신문화운동과 선명한 대조를 이루었다. 하지만 해외 특히 싱가포르·말레이시아의 공교부흥운동은 활발하게 진행되었다. 싱가포르의 유학운동은 공자를 존경한다기보다는 화교민족주의 정서와 중화문화를 인정하는 표현이었다고 할 수 있을 것이다. 1877년 중국의 첫 번째 해외영사관이 싱가포르에 건설되었다. 청나라 정부는 고심 끝에 싱가포르를 영사관 소재지로 정했다. 우선 싱가포르 화인인구는 전체인구에서 높은 비율을 차지했다. 1860년 싱가포르 총 인구는 81,734명이었는데, 그중 화인은 50,043명으로 61%에 달했다. 또한 대량의 화공들이 싱가포르에 모이면서 화인인구는 더 늘어났다. 영사관 창설을 제안한 청나라 정부 주영국 대사 궈총타오(郭嵩燾)가 싱가포르를 경유하던 해인 1876년 "중국에서 온 상인들의 인구는 수십만 명에 달했다"고 했다. 다음으로 화교권익보호가 해외 화인 사무의 급선무로 떠올랐기 때문이었다. 궈총타오가 싱가포르를 경유하던 시기에 여러 교민들과 접촉을 하면서 "중국의 소식을 완전히 모르는" 사람이 있고, "상인들과 민간인들이 억눌리는 상황에서 신세를 하소연

---

167) 张颂之 : 『孔教会始末汇考』, 『文史哲』, 2008 (1).

할 곳이 없다"[168]는 것을 이해하게 되면서 청나라 정부의 보호가 필요하다는 것을 알게 되었다. 싱가포르는 1832년부터 동남아시아 지역 영국식민지인 해협식민지 최고 정부기관의 소재지였다. 궈충타오는 싱가포르 영사관 건립을 건의하던 시기에 청나라 정부의 주영국대사관도 청나라 정부에 영사관 설치문제를 제기하려 했다. 다른 나라와 교섭하는 것보다는 영국에 영사관 설립을 제안하면 더욱 순조로울 것이라 생각했다. 이렇게 되자 궈충타오는 총리아문(总理衙门)에 『싱가포르설립영사편(新加坡设立领事片)』을 제출해 청나라 정부가 받아들일 수 있는 가능성 계획을 제기했다. 이러한 과정을 통해 청나라 정부 주싱가포르영사관이 설립되게 되었던 것이다.

주싱가포르영사관의 설립은 화교의 민족감정을 승화시켰고, 중국의 전통문화에 대한 동질감을 느끼게 되었다. 싱가포르에서 공교부흥운동의 발전은 좋은 시기, 지리적인 우세, 인심 화합 등의 세 요소를 모두 갖추고 있었다. 사실 싱가포르 화교사회의 각계는 유학이 낯설지가 않았다. 1894년에 싱가포르 화문신문인 『성보(星报)』에는 진사(进士)가 쓴 공자를 칭송하는 글이 실렸다. 1894년부터 무술변법이 끝나는 1899년까지 『성보』에는 여러 편의 유학 관련 글이 실렸다. 그중 중요한 글은 1897년 6월 4일 『성보』에 실린 캉여우웨이의 『성학회장정(圣学会章程)』과 1898년에 쉬친(徐勤)이 작성한 요코하마 화인들이 공자를 존경할 것을 호소하는 공고가 실렸다. 이는 날로 높아지는 싱가

168) 『郭嵩焘奏稿』, 384쪽, 창사(长沙), 岳麓书院出版社, 1983.

포르 화교 지식계의 유학에 대한 열정
을 보여주었다.[169] 화인학자 안청황(颜
清湟)은 싱가포르 지역의 유학발전을
이렇게 종합했다. 동남아시아지역 특
히 싱가포르·말레이시아지역의 공교
부흥운동은 "1899년에 시작해 1902년
에 최고봉에 도달했다. 그 후로 운동
은 저조했지만 1908년에 점차 상승세
를 보여주었고, 1911년에 두 번째 최고

싱가포르 유학운동 지도자 임문경.

봉을 형성했다. 운동 초기에는 주로 공묘와 현대학교 건설에 중심을
두었고, 제2단계에서는 전체 해외 화인들이 공자 탄생일에 제사를 지
내는 것으로부터 시작해 공묘를 건설하고, 현대 학교를 설립하는 것
으로 마무리 지었다."[170] 싱가포르에는 구숙원과 임문경 두 명의 공교
운동 지도자가 있었고 『천남신보(天南新報)』와 『일신보(日新報)』 두 개의
언론사가 있었다. 구숙원과 임문경 모두 푸젠 하이청(海澄)현 사람으
로 푸젠방(福建帮) 우두머리였다. 구숙원은 『천남신보(天南新報)』의 창
시자이고 임문경은 『일신보』를 창간했다. 두 사람 모두 싱가포르에서
의 유학의 발전과 전체 동남아시아 지역의 유학 발전에 위대한 공헌

169) [오스트레일리아]颜清湟:『1899―1911年新加坡和马来亚的孔教复兴运动』, 李明欢, 黄鸣奋
    번역, 中外关系史学会, 复旦大学历史系编:『中外关系史译丛』, 제5집, 121~122쪽, 상하이,
    上海译文出版社, 1991.
170) [오스트레일리아]颜清湟:『1899―1911年新加坡和马来亚的孔教复兴运动』, 李明欢, 黄鸣奋
    번역, 中外关系史学会, 复旦大学历史系 편:『中外关系史译丛』, 제5집, 121쪽, 상하이, 上
    海译文出版社, 1991.

을 했다. 구숙원은 현지에서 태어난 화교가 아니라 유산을 상속받아 싱가포르에 정착을 한 경우였다. 그는 1895년 '공차상서'의 참여자이며 지지자였다. '공차상서'가 결과를 얻지 못하게 되자 청나라 정부에 큰 실망을 했다. 1895년부터 1897년까지 전국 각지를 돌아다닌 그는 중국이 망국의 위기에 처해있음을 뼈저리게 느꼈다. 1897년에 그는 싱가포르에서 학사를 설립하고 『천남신보』를 발행하기로 했다. 국내의 유신운동(維新运动)을 지원한 『천남신보』는 싱가포르 유학부흥운동의 창도자 역할을 했다. 1898년 『천남신보』는 싱가포르, 말레이시아 공학포럼이라는 칼럼을 통해 무술변법과 "공자개제(孔子改制)"를 널리 홍보했다. 이 신문사의 편집과 사설 작성자들은 끊임없이 유학을 선양하고 선동했다. 또한 공묘를 건설하고 학교를 창설하는 등의 소식을 실었고, 중국의 전통문화를 유지하는 것을 찬양했다. 구숙원과 캉여우웨이는 개인적인 교제가 있었기에 『천남신보』는 태도를 분명히 할 수 있었다. 심지어 장즈동(張之洞)은 『천남신보』가 캉여우웨이와 량치차오가 "만든 것"이라고 여기기까지 했다.[171] 임문경은 현지에서 태어난 화교로 1899년 유학에 '귀의(皈依)'하기 전에는 서방의 엘리트 교육을 받았었다. 유년시절에 그는 푸젠회관 부속 학당에서 사서오경 등 전통 경전을 배웠고, 우수한 성적으로(Raffles College)을 졸업했다. 그는 처음으로 영국 여왕장학금을 받고 에든버러대학교

---

171) 1901년 3월7일 장즈동은 강한(江汉) 세관장에게 보내는 찰문(札文)에 이렇게 기록했다. "조사한 바에 따르면 강, 양 두 역적은 남양에서 『천남신보(天南新报)』를 꾸리고 일본에서 『청의보(清议报)』를…" 『札江汉关道查禁悖逆报章』, 赵德馨 편집: 『张之洞全集』, 제6책, 309~310쪽, 우한(武汉), 武汉出版社, 2008.

(University of Edinburgh) 의학원에서 공부를 한 화인으로 석사학위를 받았다. 그는 중국과 서양의 학문을 모두 배웠다. 출중하고 천부적인 언어능력을 가진 그는 중국과 외국의 여러 언어로 동남아시아에서 사회활동을 할 수 있었다. 그와 구숙원은 공동으로 호학회(好学会)를 개설했다. 그들은 호학회 활동을 통해 화교지식계에 영향을 미쳤다. 그는 중국어와 영어 두 가지 언어로 공자의 훈시를 상세히 해석했으며, 유학가(儒學家)를 지원하며 직접 말레이시아 반도와 동인도의 여러 중심 도시를 돌아다니며 유학을 홍보하면서 남양에서의 공교부흥운동을 이끌어나갔다. 그는 열정적으로 『천남신보』의 사업에 참가했으며, 유신변법과 공교부흥운동을 지지하는 다른 신문인 『일신보』를 창간했다. 『일신보』도 공교를 선양하는 칼럼을 개설했으며, 기타 신문의 관련 글과 말들을 옮겨 실으면서 해내외 공교부흥운동의 진행상황을 보도했다.[172] 이와 같은 "유식한 사람"들의 추진 하에 공교부흥운동은 신속하게 전개되었다. 1899년 9월 쿠알라룸푸르의 화교상인들은 집회를 열어 공자를 기념하는 활동을 진행했으며, 공자 탄생일을 전체 화인들의 공동 공휴일로 정했다. 이후 싱가포르 화교 중 복건방인 췌영서원(萃英书院) 이사들도 이에 따라 공자의 탄생일을 기념하기로 결정했다. 1900년 2월 캉여우웨이는 싱가포르에 반년동안 머물렀다. 비록 그는 공개 석상에 나타난 적은 없지만 대부분

---

172) [오스트레일리아]顏淸湟: 『1899~1911年新加坡和马来亚的孔教复兴运动』, 李明欢, 黄鸣奋 번역, 中外关系史学会, 复旦大学历史系 편: 『中外关系史译丛』, 제5집, 123~124쪽, 상하이, 上海译文出版社, 1991.

1923년 싱가포르에서 창간된 『남양상보(南洋商報)』

의 시간에는 구·임 등 싱가포르 공교부흥회 우두머리들과 함께 있었다. 치우펑자(丘逢甲)와 왕샤오창(王曉沧)도 싱가포르를 방문했다. 치우펑자의 싱가포르 방문은 공교부흥운동과 싱가포르 화문교육의 발전에 중요한 의미가 있다. 치우펑자의 현대교육과 공자학술의 결합과 공동의 발전을 가져오는 방법에 일가견이 있었다. 그는 중국 국내에서 신식학교와 학원을 여러 개 창설해 공자와 맹자의 학술과 경사 등을 배워주었고, 화인사회집단을 방문하고 『천남신보』 등 신문에 글을 발표했으며, 군중집회에서 공교부흥운동을 알리며, 공묘(孔廟) 건설을 격려했으며, 화문도서관을 건설했다. 이런 그의 주장은 청나라 정부의 지지를 얻었다. 양광총독(兩广总督) 타오머(陶模)는 끝내는 공교부흥운동 전개를 승인했으며, 싱가포르 총영사관이 공교 건설에 참여하도록 했고, 현대학교 창설활동에 참여하도록 했다. 공교부흥운동이 청나라 정부 조정의 인정을 받으면서 이 운동은 급속한 발전을 가져왔다. 1901년 10월 9일 공자탄생제(孔子誕辰祭)에서 몇 명의 싱가포르 공교부흥운동의 지도 인물들은 공교의 창설을 위한 예비회의를 열었다. 이 회의는 화교 각계의 주목을 받았다. 이 활동에 참여한 푸젠방 외에도 청나라 정부 주싱가포르총영사 뤄수껑(罗叔羹)은 직접 이 회의에 참가했다. 총영사의 참가에 공교부흥운동은 "정당한 명분"을 가지게 되었다. 1902년 공교운동의 '최고봉'을 상징하는 사건이 일어났다. 바로 공교부흥운동 위원회의 창립이었다. 이 위원회에는 195명의 회원이 있었다. 싱가포르 화인 여러 계층의 방인 파벌을 대표하는 사람들로 구성된 이 위원회는 화인사회집단의 진정한 권력조직을 상징했다. 위원회는 조례를 제정해 공교와 현대학교 건설을 촉진시켰다.[173] 하지만 이 운동은 임문경이 회의 참석차 영국으로 떠나고 구숙원이 『천남신보』편집장의 자리를 내놓으면서 캉여우웨이와의 결렬을 알린 후로 영도자가 없는 상황이 되었고, 이미 의사일정에 있던 각종 실무는 모두 중단되고 말았다. 1908년에 이르러 유학운동은 회복하는 기미가 보이기는 했지만, 이 운동의 중심은 이미 싱가포르에서 말레이시아 피낭 섬으로 이전되었다. 1911년 마침내 공묘가 완공되었다. 하지만 이 시기의 공교부흥운동은 초심을 잃었다. 공교부흥운동은 구·임 시대에 유신 촉진을 제창해 화인 문화공동체 인식을 승화시키려는 취지가 아니라 청나라 정부와 해내외 화인화교들의 주목을 받

---

173) [오스트레일리아]颜清湟: 『1899—1911年新加坡和马来亚的孔教复兴运动』, 李明欢, 黄鸣奋 번역, 中外关系史学会, 复旦大学历史系 편: 『中外关系史译丛』, 제5집, 127~128쪽, 상하이, 上海译文出版社, 1991.

아 개인의 이름을 날리려는 도구로 전락되었다. 싱가포르 공교부흥운 동의 역사는 길지 않았지만 싱가포르 화인 특히 화인 지식계에 적극 적인 영향을 미쳤다. 이 운동은 지식인들이 "문화공동체 인식"을 찾 을 수 있게 했다. 1894년 『해협시보(海峽时报)』에는 이런 내용이 있다.

> "해협에서 출생한 화인들은 어떤 교육을 받았고 언어가 얼 마나 서구화되었든 그들의 복식·습관과 자기의 선조를 숭 배하는 등의 행동은 여전히 화인이었다. 이는 그들의 중요 한 특징으로 매우 훌륭했다. 화인으로서의 그들은 우수한 화인이 될 수 있었지만, 영국 사람으로서의 그들은 평범한 영국인이 될 수밖에 없었다. 동·서방을 통틀어 일상생활의 편리를 마다하고 영국의 습관을 따른다면 더욱 엉망인 사 람이 될 것이다."[174]

---

174) 『海峽时报』, 1894-01-31. 梁元生: 『新加坡儒家思想教育的三种模式』, 熊越, 傅予穆 번역 『华人华侨研究』, 1990 (3).

제2절

신유학과 현대 싱가포르

1965년 싱가포르는 강제적으로 말레이시아 연방에서 독립해 나와 자주 발전의 길을 가게 되었다. 싱가포르는 화인이 주체인 국가이다. 역사적으로 정확하게는 개항을 하게 되면서부터 영국 식민 통치하에 있었기에, 그 정치제도와 법률문화는 영국과 중국의 특색을 두루 가지고 있었다.

1. 유학과 서방민주법제의 결합은 싱가포르정부 관리체제의 기초

싱가포르 고문장관(Minister Mentor)인 리콴유(李光耀)는 이렇게 지적했다. "법률은 질서를 구축하는 수단이고, 완성도가 높은 질서를 건립하는 것은 법제를 실시하는 전제이기도 하지만, 최종 목적이기도 하다. 때문에 사회 환경의 안녕과 안정을 보장해야 하는데, 서방 즉 서방의 엄밀한 법률적 수단으로는 부족하기에 기타 수단으로 법률을 실시해야 한다." 여기에서 "기타 수단"은 바로 중국의 전통법률문화이다. 싱가포르는 건립된 시간이 짧지만 아시아 "네마리 작은 용(四小龙)"의 하나가 되었다. 정부관리 체제가 성공하게 된 원인은 중국의 유가 덕치(德治)사상과 서방의 민주법체를 종합하여 민본에 민주를 더한 정치를 형성했다. 즉 단순히 이익을 대표한다는 기초 하에 건립된 서방정치와는 달리 대의제민주제를 유입한 기초 위에서 민간의 이익요구를 본받고, 이익을 대표하며 엘리트를 모방하는 것 모두를 중시했다.

(1) 현인정치

『예기·중용(礼记·中庸)』에는 이렇게 기록했다. "문왕과 무왕의 정치가 목판과 죽간(竹簡)에 실려 있으니 그것을 행할 사람이 있으면 그러한 정치가 행해지고 그것을 행할 사람이 없으면 그러한 정치도 없다.…때문에 정치는 사람에 달렸다.(文武之政, 布在方策. 其人存, 則其政舉其人亡, 則其政息…故为政在人.)" 즉 좋은 법률이 있어도 현인(贤人)이 없으면 아무리 좋은 법이라고 해도 법규에 불과할 뿐 백성들을 행복하게 할 수 없다는 말이다. 싱가포르 정부는 인재 선발을 매우 중시했는데, 이는 주로 엘리트 정책을 실시한 데에서 표현된다. 싱가포르 정부는 초등학교(3학년이 되면 성적에 따라 분류한다.)부터 인재를 물색해 높은 표준으로 선발하고 배양해 외국에 유학을 보냈다.

학문을 배운 후에 귀국하면 일반적으로 직접 고급 공무원의 길을 가게 된다. 이렇게 개인의 재능을 중히 여겨 선택한 사람들은 비교적 높은 소질을 가지고 있다. 1990년대 초 싱가포르정부는 경제개혁을 위해 전국 120여 명의 엘리트들을 은행·정권회사 등 금융분야와 건옥발전국(Housing Development Board) 기획국 등 부문에 보내 개혁을 진행하게 하여 현저한 효과를 거두었다.

엘리트들은 여러 중요한 자리에서 영도직을 맡았다. 싱가포르 고문장관 리콴유는 엘리트 정책을 추진했다. 그는 그의 주변에는 싱가포르 일류의 인재들이 모여 있다고 여겼다. 이런 엘리트들은 고위층에 300명, 기층에 2,000여 명이 있는데 싱가포르의 운명을 장악하고 있다. 특히 고위층의 300명이 "모두 같은 초대형 정기 제트 여객기에 탑승하고 있을 때 비행기가 추락해 한 번에 목숨을 잃는다면 싱가포르는 와해된다."고 말하기까지 했다. 그는 이렇게 말한 적이 있다.

> "어떠한 사회든 전체인구의 5%를 초과하지 않는 고위층 계급이 있다. 그들은 재능과 덕을 함께 갖추고 있다. 바로 그들이 있었기에 우리는 제한적인 자원을 효율적으로 이용할 수 있었으며, 싱가포르가 동남아시아에서 두각을 나타낼 수 있었다."

엘리트정책을 실행함과 동시에 싱가포르 고위층의 리콴유, 고촉통(吳作株) 두 세대 지도자 모두는 평민들의 정치참여를 반대했다. 그들은 만약 평범한 사람들과 투기꾼들이 싱가포르 정권을 장악한다면, 싱가포르 사회는 퇴보할 것이라고 했다. 싱가포르의 이런 엘리트문화의 일부는 중국 전통문화 중의 "현자와 능자를 선택한다(选贤与能)"에서 온 것이고, 일부는 식민지시대 종주국인 영국의 엘리트주의의 영향을 받았기 때문이다.

(2) 청렴한 정치건설

『한비자(韓非子)』가 말하기를 "관리는 백성을 다스리는 중요한 부분으로 성인은 관리들에게 엄격하게 요구하지 백성들을 다스리지 않는다.(吏者, 民之本, 纲者也, 故圣人治吏不治民.)" 싱가포르 공무원 관리제도는 매우 엄격하며 오랜 기간 엄격하게 관리들을 다스렸으며, 부정부패를 척결하고 청렴을 유지했다. 관리가 반드시 가져야 할 품성 중에서 청렴은 제일 기본적인 요구이다. 중국 고대의 각 왕조는 모두 엄격하게 관리들을 다스렸다. 진나라(秦朝)시기 법률에는 이런 규정이 있다. "관리라 함은 반드시 청결하고 정직해야 하며, 신중하고 강인해야 하며, 상세하게 이해하고 사심이 없어야 하며, 세밀하게 관찰하고 지나치게 엄하지 말아야 하며, 안정적이여야 하며 심사를 하고, 적절하게 상벌을 내려야 한다." 이 영향으로 싱가포르정부는 공무원 선발을 매우 중시했다. 특히 공무원의 도덕적 품질을 중점적으로 고찰했다. 정사를 처리하는 사람은 반드시 올바른 군자여야 하며, 청렴하고 공평해야 하며, 정성을 다해 인민의 이익과 사회의 안정을 위해 공헌을 해야 한다. 싱가포르 정부는 성실을 중요하게 제창했으며, 정직한 가치관을 지향해 어려서부터 국민들의 가치관을 배양했다. 제창하는 인성이 바로 '8덕(八德)' 가운데의 '염(廉)'과 '치(恥)'이다. '염'은 관리들의 청렴과 공정을 말하는데, 청렴하고 공정해야만 인민들이 믿고 따르게 된다. '치'는 사회풍기를 단정이하는 것으로 문화소양이 있는 사회를 건설하는 것을 말한다. 싱가포르정부는 부정부패 척결을 청렴의 첫 번째에 놓았으며, 일련의 완정한 제도를 건립했는데 품성 심사제도가 그 중의 하나이다. 우선 채용 시험과정에서 응시생의 개인 품성을 엄격하게 고찰한다. 시험 전에 인사부문에서는 엄격하게 무 범죄경력, 평소에 어떤 사람들과 왕래가 친밀한지, 가정 상황, 개인 애호 및 사회 배경 등의 응시자격을 심사한다. 싱가포르 정부는 채용을 할 때, 개인의 인품과 덕성·수양을 엄격히 심사하여 불량한 취미가 있거나 인품과 덕성이 단정하지 않은 자들이 정부기관에 들어오지 못하도록 하고 있다. 이렇게 새로 채용한 공무원들의 양호한 소질을 확보해 사전에 미리 조치함으로써 방비하는 직용을 하게 하는 것이다. 다음은 재직한 후에도 관련 공직인사에 대한 인품과 덕성 심사제도가 있다. 인품과 덕성 심사방식은 주로 두 가지가 있다. 하나는 개인 인품과 덕성 기록이다. 싱가포르정부는 기관 공직자들에게 일기책을 발급해 인품과 덕성을 기록하도록 한다. 수첩에는 페이지와 연월일이 적혀 있다. 첫 페이지에는 관련 공직자가 직접 주관적으로 쓴 맹세의 글이 적혀 있다. 맹세의 글은 수첩에 기록되는 모든 내용은 사실이며, 만약 사실이 아닐 경우에는 엄격한 처분을 받는다는 내용이 적혀 있다. 공직자들은 반드시 이 수첩을 가지고 다니며 자신의 활동을 기록해야 한다. 정부 공직자들은 평소 사무를 보는 시간 내에 방문 온 친우들의 성명과 방문사유를 적을 뿐 다른 것들은 기록하지 않는다. 정부 공직자들은 반드시 월요일 마다 일기책을 주관 관리자에게 바쳐 검사를 받아야 한다. 주관 관리자는 검사를 하고 서명을 한 후 돌려준다. 주관 관리자가 소속 직원의 일기책에 기록내용이 문제가 있다고 여기면, 관련 내용을 탐오조사국(贪污调查局)에 넘겨 심사 확인한다. 다른 하나는 행위 추적이다. 반탐오국은 공무원 특히 새로 들어온 공무원을 미행할 수 있는 특권이 있으며, 그들에게 알리지 않고 그들의 생활을 조사할 수 있다. 추적 조사에서 규정을 어긴 상황이 나타나면 엄격하게 처벌한다. 중국 고대 관리의 특권과 법을 중시해 관리를 다스렸는데 이는 서로 모순되지 않았다. 싱가포르도 "법을 중시하여 관리를 다스린다"는 것을 강조했다. 싱가포르의 법률은 엄격하기로 유명하며, 횡령과 뇌물 수수에 관련된 관리에 대해 전혀 사정을 봐주지 않는다. 『탐오 뇌물 수수 방지법(防止贪污贿赂法)』의 규정에 따르면 횡령, 뇌물수수죄는 징역 5년에 10만 싱가포르 달러의 벌금을 내야 한다. 국회 논평원이나 공공기구 위원이 횡령에 연루되면 정부 입찰에서 퇴출해야 하며, 징역 7년의 처벌을 받게 된다. 법원에서 유죄 판결을 받게 되면, 해당 공무원은 평생 공직에 다시 채용될 수 없다. 횡령한 금액을 전부 반환해야 할 뿐만 아니라 재직기간에 얻은 중앙적립기금(Singapore Central Provident Fund)을 몰수한다. 때문에 공무원들은 횡령으로 이익을 얻지 못할 뿐만 아니라 큰 대가를 치러야 한다. 이 법률은 뇌물을 수수한 대상 공무원은 응당 자신에게 뇌물을 주려고 한 자를 체포해 가까운 경찰국에 송치해야 한다고 규정했다. 만약 이를 행하지 않고 정당한 이유를 제기하지 못하면 두 가지 죄를 함께 계산해 처벌을 내리는데 500싱가포르 달러의 벌금 혹은 6개월 이하 유기도형에 처한다. 싱가포르는 부패를 방지하는 방면에서 어느 누구도 차별이 없이 대했다. 1986년 당시 국가발전부 부장인 태치앙완(郑章远) 이 뇌물수수 의혹을 받았을 때에

호된 심문을 받았다. 태치앙완은 형벌이 두려워 자살을 택했다. 그가 남긴 유서 내용은 1987년 1월 27일 『연합조보(联合早报)』에 실렸다.

> "나는 응당 불행하게 발생한 이번 사건의 책임을 져야 하며 전부의 책임을 져야 한다. 동방의 정인군자(正人君子)로써 나는 응당 자신의 잘못에 제일 높은 징벌이라는 대가를 치러야 한다고 생각한다. 이는 합리적이고 이치에 알맞다."

"동방의 정인군자" 정부가 바로 싱가포르 정부의 특징이다.

공무원의 권력을 제어하고 부정부패를 척결하는 임무를 담당하는 반탐국(反贪局)은 '편의행사(便宜行事)'를 위한 특권을 가진다고 법률로 규정했다. 『탐오 뇌물 수수 방지법』의 규정에 따라 반탐국은 주로 몇 가지 특권을 가지고 있었다.

1) 체포권

반탐국 국장과 특별 조사원은 체포령이 없어도 부정부패에 관련된 사람, 고소관련 확실한 정보를 가지고 있거나 『탐오 뇌물 수수 방지법』을 위반한 혐의를 받고 있는 사람을 체포할 수 있다.

2) 특별조사권

부정부패 관련 행위를 조사할 때에 국장이나 특별 조사원은 검찰관의 허가 없이도 『형사소송법(刑事诉讼法)』의 모든 경찰 조사 관련 특별 권리를 가지게 된다.

3) 수사권

검찰관의 허가를 받은 상황에서 부정한 재물이나 기타 범죄의 증거가 될 수 있는 은행 예금, 증권 혹은 은행 금고를 조사하거나 몰수할 수 있다. 만약 부정부패 관련 증거, 물품 혹은 재산이 숨겨둔 곳을 확정할 수 있을 경우에 필요하면 무력으로 관련 물품을 얻을 수 있다. 어떤 부문이나 기구에 들어가 관련 공무원, 임시직원 혹은 어느 누구에게라도 필요한 내부 자료를 제공할 것을 요구할 수 있다.

(3) 좋은 정부

고촉통은 청렴정직(廉洁正直)과 임인유현(任人唯贤)[175]은 싱가포르정부의 양대 핵심가치관과 기둥이며 "좋은 정부"는 싱가포르 정부가 실현하려는 목표라고 했다. "좋은 정부"란 리콴유가 서방에서 높이 선양하는 민주·인권의 이념에 겨냥해 제기한 유가 특색을 띤 개념이다. 그는 "비록 민주, 인권 모두 소중한 이념이지만 우리의 진정한 목표가 좋은 정부를 건설하는 것임을 명심해야 하며" "이론과 학설이 아무리 사람을 매료시키고 논리에 알맞게 여겨진다고 해도 좋은 정부는 이에 얽매이지 말아야 한다"고 여겼다. "좋은 정부"의 표준에 대해 리콴유는 이렇게 지적했다.

---

175) 임인유현 : 자신과의 관계에 상관없이 인격과 능력을 갖춘 사람만 임용한다.

중화배경을 가진 아시아 사람으로서 나의 가치관은 정부가 반드시 청렴하고 효율적이어야 하며, 인민을 보호할 수 있으며, 모든 사람들은 안정적이고 질서가 있는 사회에서 진보할 수 있으며, 이런 사회에서 행복하게 살아가고 아이를 배양하여 그들이 더욱 좋은 행동을 하게 하는 것이다.

1. 인민들은 식(食), 주거, 취업, 보건 등 방면에서 좋은 보살핌을 받아야 한다.
2. 법치 하의 사회는 질서가 있고 정의가 있으며, 변덕과 독단독행의 개인 통치자가 관리하는 나라가 아니어야 하며, 인민들이 종족, 언어, 종교의 구분이 없고 차별이 없으며, 극도의 재부를 가진 사람이 없어야 한다.
3. 인민들은 되도록 개인 자유를 누림과 동시에 타인의 자유를 침범하지 말아야 한다.
4. 경제의 성장을 쟁취해 사회의 진보를 가져오도록 해야 한다.
5. 양호한 교육제도가 있으며, 이 제도를 부단히 개선해야 한다.
6. 통치자와 인민들 모두 높은 도덕표준이 있어야 한다.
7. 훌륭한 기초시설이 있어야 하며 여가 활동, 음악, 문화와 예술 설비가 있어야 하며, 사람들은 신앙과 종교자유가 있으며, 충실한 지식생활을 할 수 있어야 한다.

리콴유의 "좋은 정부" 관련 여러 가지 요구를 분석해보면, 이 표준은 전통 유가사상 중 청렴한 관리의 사상과 집단의식의 표현이다.

이 목표를 실현하려면 좋은 지도자가 있어야 한다. 리콴유는 싱가포르에서 발전을 위한 제일 관건적인 요소는 우수한 지도자로서의 높은 소질을 가진 공무원 대오라고 했다. 만약 나라를 다스릴 수 있는 우수한 인재가 없고 좋은 방법만 있다면 아무 쓸모가 없다. 이는 순자(荀子)의 사상과 일맥상통하다. 순자는 『군도(君道)』에 이렇게 기록했다.

"나라를 어지럽게 만든 군주는 있어도 스스로 어지러워진 나라는 없으며, 나라를 다스리는 인재는 있지만, 스스로 다스려지는 법제는 없다. 후예(后羿)의 활쏘기 기술은 실전되지 않았지만, 후예는 대대손손 모두에게 백발백중의 기술을 갖게 할 수는 없다. 대우(大禹)의 법제도 여전히 존재하지만, 하(夏)씨는 대대손손 왕이 되지 못했다. 때문에 법제는 독단적으로 이루어지는 것이 아니며, 율법도 자동적으로 실행되는 것이 아니다. 나라를 다스릴 줄 아는 인재가 있어야만 법제가 존재하며, 이런 인재가 없으면 법제도 소멸된다. 법제는 정치의 시작이고, 군자는 법제의 근원이다. 때문에 군자가 있으면 법률이 아무리 간략해도 모든 방면에서 응용하기에 족하다. 만약 군자가 없으면 법률이 아무리 완벽하다고 해도 실행 순서가 뒤틀려 각종 변화를 제때에 대응할 수 없어 혼란을 조성하게 된다. 법치의 도리를 알지 못하고 법률의 조항을 정하는 사람이라면, 아무리 아는 것이 많아도 구체적 상황에서 혼란에 빠지기 마련이다. 때문에 영명한 군주는 서둘러 나라를 다스리는 인재를 구하려 하고, 우매한 군주는 권세를 얻는 것에 만 급급하다."

'좋은 정부'의 표준이나 "좋은 지도자가 있어야만 좋은 정부가 있다"는 관점 모두가 유가의 인치(人治)와 서방의 법치가 결합된 '인'과 '법'의 합리적 상호작용인데, 이는 이미 싱가포르 사람들의 공동의식으로 되었다. 앞에서 언급한 내용을 종합해 보면 위잉스(余英时) 교수가 유가 법률문화가 싱가포르 정치에 미친 영향을 논한 바와 같이 싱가포르의 민주와 법치는 유가정치 이론을 지향했음에도 달성하지 못한 경지이지만, 이러한 기초 상에서라도 몸을 다스리고 집안을 다스리는 것을 중시한다면, 그 결과는 민주와 법제의 내용을 풍부하게 할 것이다.

2. 싱가포르 사회의 유가(儒家)가치관과 법률

화교는 유학을 전파하는 기본 요소이다. 싱가포르는 화인이 주체이고 여러 민족이 함께 생활하는 국가에서 유가사상은 자연스레 "정부와 민간이 모두 제창하는" 사상이 되었다. 리콴유는 전통과 현대화의 관계를 분석할 때에 이렇게 말했다. "우리는 응당 빠른 시일에 새로운 지식, 과학과 공예를 장악해야 한다." 하지만 인간관계 방면에서는 "문제가 많은 서방의 것들을 받아들이기 위해 수천 년 동안 중국과 동남아에서 성공적으로 실행된 철학을 버리지 말아야 한다." 이런 철학에는 "유가사상과 오륜관념(五伦观念)"이 포함되며 "영구적인 가치가 있는" 것이기에 응당 유지 보호해야 한다.

(1) 유가교육과 '팔덕(八德)'의 확립

유가교육은 싱가포르 정부 측의 지지를 받았다. 이는 리콴유가 지적한 "서방식은 약점"이 있었기 때문이었다. 하나는 범죄, 마약, 색정, 히피, 이혼, 낙태 등 날로 엄중해지는 사회문제이고, 다른 하나는 서방의 생활방식과 개인주의 가치관을 추구하면서 고생을 두려워하고, 어려운 것을 피하고, 힘든 것을 멀리하며, 노인을 부양하지 않고, 젊은 부부가 애 낳기를 꺼려하는 등의 문제이다.[176] 이런 상황에서 싱가포르 지도층은 이렇게 판단했다. "지금의 도덕위기는 두 가지 기본적인 문제를 반영한다. 첫 번째 문제는 동방의 우수한 전통과 가치의 소실로 인해 현대 싱가포르 사람들은 뿌리가 없고 문화가 없는 사람이 되고 있다는 점이다. 이 도덕 위기는 자기 인식 위기(identity crisis) 때문이다. 바꾸어 말하면 만약 우리가 동방의 가치관을 보유한다면 문화에 대한 자신감을 가지게 되어 서방(타락)문명의 침식을 막을 수 있다. 다른 문제는 동방의 전통가치가 몰락한 요소인 대가정의 해체(핵 가정에 대체당했다.)가 동방전통에서 제일 근본적인 효도정신을

---

176) 王文钦: 『新加坡儒学三特征』, 『社会学研究』, 1996 (4).

약화시켰다는 점이다. 가정은 사회의 기본단위이다. 3대가 함께 모여 살던 대가정이 사라지면서 사회안정의 기초가 흔들리게 되었다."[177] 첫 번째 문제를 해결하기 위해 싱가포르 정부는 유학교육을 중학교 과정에 포함시켰다. 1979년에 처음으로 유학을 중학교 교육과정에 포함시켰다. 같은 해 싱가포르 부총리 옹텅청(王鼎昌)과 도덕교육위원에서 편찬한『도덕교육보고서(道德教育报告书)』에는 "종교과정은 도덕가치 교육을 강화하는데 유리하다"는 내용이 있다. 이렇게 도덕교육은 중학교 3~4학년 과정에 포함되게 되었다. 1982년 봄 싱가포르 교육부의 과정발전서(课程发展署)에서는 "유가윤리과정 편찬 팀"을 조직하여 교과서와 훈련교재 편찬을 전담하게 했으며, 하버드대학의 두웨이밍(杜維明) 교수와 예일대의 위잉스(余英時) 교수를 해외고문으로 초빙해 과정설계와 심사에 협조하게 했다. 1983년 초에는 동아시아철학연구소를 설립해 유학연구의 주요 요충지와 유가 윤리과정을 지원하도록 했다.[178] 1984년에 시험교육을 시작했으며, 1985년에 전국적으로 이를 실시했다. 싱가포르는 세계에서 처음으로 유가윤리를 중학교 교과서 내용으로 정해 교육을 실시한 국가이다. 이 과정은 1988년의 종교 열광으로 인해 폐지되었다. 하지만 유학교육은 싱가포르 전국 범위에서 큰 영향을 가져다주었다. 유가 윤리교육의 핵심내용인 '팔덕'은 전통 유가의 "충효인애예의염치(忠孝仁爱礼义廉耻)" 개념을 싱가포르 특색이

177) 郭振羽:『新加坡推广儒家伦理的社会背景和条件』,『儒学国际学术讨论论文集』, 1344쪽, 지난, 齐鲁书社, 1989.
178) 李焯然:『儒家思想与新加坡』, 刘述先 편:『儒家思想在现代东亚:韩国与东南亚篇』, 178쪽, 타이베이, "中央研究院中国文哲研究所", 2001.

있는 새로운 도덕으로 현대적으로 개조한 것이다. 리콴유는 이를 "치국지강(治國之綱)"이라고 했다. 이 또한 싱가포르의 "덕으로 나라를 다스리는 이덕치국(以德治国)" 이념의 중요한 구성부분이다.

1. 충(忠)

주희(朱熹)는 충을 "자신의 모든 것을 다하는 진기(尽己)"라고 했다. 충은 국가를 사랑하고 충성을 다하며 국가를 위해 자신의 힘을 다해 국민의 국가 의식을 건립하는 것이다. 싱가포르사회는 화인이 위주인 이민사회로 동방 사회의 향토정서가 있기에 싱가포르 사람으로서의 국민의식이 희미하고, 고국인 중국에 더욱 깊은 동질감을 가지고 있다. 이는 싱가포르 발전에 매우 불리하다. 때문에 자기 소재국에 대한 귀속감과 충성의식 강조와 싱가포르 국가정신의 수립을 '팔덕'의 첫 번째로 꼽았다.

2. 효(孝)

맹자(孟子)는 효를 "부모 혹은 선조를 존경하는 존친(尊亲)"이라고 했다. 효는 중국 전통사회의 모든 도덕의 근본이다. 『효경(孝经)』에서 효는 "부모를 잘 모시는 것으로부터 시작해서 군주를 섬기는 것으로 이어지며, 자신의 충과 효를 다 하는 것이 최종 귀착점이다.(始于事亲, 中于事君, 终于立身)"라고 했다. 『충경(忠经)』에서 충은 "개인에게서 형성되어 가정을 다스리는 것으로 표현되며, 나라를 위해 힘을 다하는 것에서 완성된다.(兴于身, 著于家, 成于国)"고 했다. 충과 효는 서로 보완하고, 서로 완성시키는 관계이다. 싱가포르사회는 화인이 주체인 사회로 화인문화는 가정과 국가의 공동 구조이다. 효도를 제창하고 가정을 안정시키는 것 역시 국가와 사회발전의 주요 부분이다.

3. 인애(仁爱)

공자은 인(仁)을 "사람을 사랑하는 것(爱人)"이라고 했다. 인은 공자 사상의 핵심이며, 도덕의 최고 경지이다. 유가는 인과 애를 병칭하는데 이는 사람의 측은한 마음을 일으키는 것이라고 여겼다. 싱가포르의 '인애사상'은 이와 일맥상통한다. 인애는 동정심이 있음을 가리키며, 타인에게 관심을 가지며, 인정이 넘치는 사회를 건설하는 것을 말한다.

4. 예의(礼义)

예의는 중국의 전통법률문화의 제일 중요한 개념이다. "덕례(德礼)는 정치와 교화의 근본이다.(德礼为政教之本)"라는 말처럼 예(礼)는 중국 전통사회의 제일 기본적인 행위준칙으로 예에 어긋나면 형벌을 받게 된다. 의(义)는 더욱 높은 행위표준을 대표한다. "군자는 도의를 알고 있다.(君子喻于义)" 여기서의 '의(义)'는 중국 전통사회의 '군자(君子)'는 자아를 구속해야 한다는 의미이다. 싱가포르의 '예의'는 예모(禮貌)를 말하는 것이며, '의'는 성실을 의미한다. 사람과 사람, 사람과 사회 사이에 예모와 분수를 엄격히 지켜야 하며, 서로 믿음이 있어야만 오랜 기간의 안정을 도모할 수 있고, 공동의 발전을 실현할 수 있다.

5. 염(廉)

염(廉)은 유가의 관리 품격에 대한 요구이다. 하지만 역사에서 "능한 관리를 찾기는 쉽지만, 공렴(公廉)한 관리를 찾아보기는 힘들다"는 말이 있다. 싱가포르는 이 교훈을 거울로 삼아 염정(鹽淨)건설을 싱가포르 법치문화 발전의 제일 중요한 부분으로 정했다. 관리는 응당 청렴하고 공정해야 한다. 이를 실현해야만 백성들의 믿음을 얻을 수 있으며, 청렴한 관리가 있어야만 싱가포르 정부는 "좋은 정부"가 될 수 있다는 것이다.

6. 치(恥)

치(恥)는 나쁜 짓을 부끄럽게 생각하는 마음을 말하는데 자신의 나쁜 짓을 부끄러워하고 남의 못된 짓을 미워해야 함을 말한다. 유가는 민중을 교화하고 부끄러움을 알게 하고, 자아 점검을 통해 올바른 길을 가도록하는 것을 관리와 군주가 국가를 다스리는 중요한 내용이라고 한다. 싱가포르는 유가의 부끄러움을 아는 사상을 발전시켜 민중들이 수치스런 마음으로 자신을 스스로 단속해 자신과 가족이 자신으로 인해 수치를 당하지 않도록 해야 한다고 교육했다.

유학교육은 종교지식 여섯 가지 과목의 하나이다. 이 여섯 가지 과목으로는 불교, 기독교, 회교, 힌두교(인도교), 시크교, 유가윤리이다. 여섯 가지 과목 중 유학이론을 선택한 학생은 불교와 기독교 뒤를 이어 세 번째로 많았다. 1985년의 통계에 따르면, 그해 각 중학교(중영 두 가지 학교를 포함) 3, 4학년 7천여 명 학생들이 유가 윤리학과를 선택했다. 유가교육은 현실적으로 여러 가지 문제에 직면했다.

언어문제, 교재문제 및 교사부족 등으로 1990년에 유학교육은 중단되었다. "공민과 도덕" 과목이 종교지식과목을 대체했다. 동아시아철학연구소도 동아시아정치경제연구소로 개명한 후 중국 당대의 정치와 경제발전을 연구하게 되었다.[179]

(2) 싱가포르의 공동가치관

1991년 싱가포르정부는 반복적인 국민토론을 거쳐 국회에서는 『공동가치관 백서(共同价值观白皮书)』의 발표를 허가했으며, 싱가포르 국내 각 민족, 각 계층, 다른 종교신앙을 가지고 있는 민중들이 공동으로 인정하는 다섯 가지 '공동가치 관념'을 형성하려 했다. 이 다섯 가지 공동가치 관념의 내용은 아래와 같다. "국가 지상, 사회 위선(国家至上, 社会为先), 가정은 뿌리이고 사회는 기초이다. 배려하고 보살피며 어려울 때에 한마음으로 난관을 이겨나가고, 같은 점을 취하고 다른 의견을 보류해 협상을 통해 공통의 의식을 도모하고, 종족이 화합하고 종교를 너그럽게 받아들인다." 이 공동가치 관념의 본질과 영혼은 유가의 충효, 인애, 예의, 염치 사상이다.

1) 국가를 지상으로 해야 하고, 사회를 우선시 해야 한다(国家至上, 社会为先).

이는 공동가치관 체계의 핵심으로 싱가포르 사람들이 국가, 사회,

---

179) 李焯然: 『儒家思想与新加坡』, 刘述先 편: 『儒家思想在现代东亚:韩国与东南亚篇』, 179쪽, 타이베이, "中央研究院中国文哲研究所", 2001.

개인 이익의 관계를 확정하는 말이다.

"나라의 흥망성쇠는 백성에게도 책임이 있다.(国家兴亡, 匹夫有责)"는 말처럼 국가의 이익은 제일 중요한 위치에 있으며, 사회의 전체이익은 개인이익보다 우선해야 한다는 말이다.

2) 가정은 뿌리이고, 사회는 기본이다.

유가에 있어서 가정과 국가는 일체(一体)이다. 가정은 사회의 제일 기본적인 구성부분이다. 가정이 안정적이어야만 사회가 더욱 좋은 발전을 가져올 수 있다. 싱가포르는 물질문명의 발전으로 나타나는 가정위기를 극복하기 위해 가정의 윤리도덕 교육을 중시했다.

3) 사회적 배려, 개인 존중.

"정치라 함은 백성을 근본으로 하지 않는 것이 없다.(闻之于政也, 民无不为本也.)" 민본사상은 중국 전통 법률문화의 중요한 특징이다. 고대사회에서 이 관념은 "민귀군경(民贵君轻, 백성은 군주보다 중요하다.)"으로 개괄했다. 심지어 맹자는 국가, 군주, 백성 사이의 관계에서 "백성이 가장 중요하고 사직(社稷)이 다음이며, 군자가 가장 미미하다.(民为贵, 社稷次之, 君为轻)"고 했다. 싱가포르정부의 가치관은 바로 이런 사상의 표현이다. 비록 사회이익이 개인이익보다 높다고 하지만, 사회는 응당 개인의 권리를 존중해야 하며 개인을 배려해야 한다는 것이다. "사람들은 자신의 부모를 봉양하는 것뿐만이 아니며, 자신의 자녀들만 키우는 것이 아니다." 이 때문에 "노인들이 편안한 노년을 보내고 장년(壯年)은 자신의 재능을 공헌할 수 있으며, 어린이들은 순조롭게 성장할 수 있고, 아내가 죽은 남편, 남편이 죽은 과부, 부모를 잃은 고아, 아들을 잃은 독거노인, 장애가 있는 사람들 모두 공양(老有所终, 壮有所用, 幼有所长, 鳏寡孤独废疾各皆有所养)"할 수 있는 사회를 건설해야 한다.

4) 협상을 통해 공통의 의식을 도모하여 충돌을 피한다.

사회가 건강하게 발전하려면 다른 의견의 존재를 인정하고 존중해야 하며, 협상과 교류의 기초에서 절대다수 사람들의 공통된 인식을 달성해야 한다. 사회 구성원들은 넓은 포용의 정신으로 국가의 단결을 수호해야 하며, 분쟁으로 나타나는 분열을 피해야 한다.

단결은 국가의 진귀한 자산이다.

5) 종족의 화합을 도모하고 종교를 너그럽게 받아들여야 한다.

싱가포르는 여러 종족, 여러 종교가 어우러져 형성된 이민사회이기 때문에 이런 가치관의 제기는 바로 이런 싱가포르사회의 특징에 따른 것이다. 각 종교, 각 종파 및 종교를 믿는 사람과 여러 종족은 서로 존중하며 화목하게 지내야 한다. 이는 싱가포르가 생존할 수 있는 기초이며, 사회가 번영할 수 있는 전제이기도 하다.

이 다섯 가지 가치관을 분석하면, 그 내용이 중국의 전통 법률문화의 영향을 받았다는 것을 쉽게 알 수 있다.『공동가치관백서』에는 직설적으로 적혀있다. "공동가치관은 유가의 가치나 기타 어떠한 종교의 가치관과도 동일하지 않다. 하지만 여러 종교의 문화 특히 유가문화의 합리적인 가치를 수렴했다."

1) 5대 공동가치관은 "덕으로 나라를 다스리는" 중국의 전통 법률문화 사상을 체현했다.

5대 공동가치관으로 국민을 기르는 것은 사실 "도덕으로 교화"하는 방법이다. 때문에 이런 5대 공동가치관의 행위를 제창하는 것은 싱가포르 정부가 유가의 "덕으로 나라를 다스리는" 사상정치 실천의 중요한 부분으로 한 것임을 할 수 있다. 그 방법으로부터 내용에 이르기까지 유가사상의 영향을 뿌리칠 수는 없다. 1988년 10월 고촉통은 중요한 연설에서 유가의 기본 가치관은 "일련의 국가의식으로 승화되어 학교·사업장소와 가정에서 실행하는 우리의 생활방식이 되었다"고 했다. 이 국가의식은 응당 "각 종족과 전체 신앙을 가진 싱가포르 사람들 모두가 찬성하고, 생존과정에서 의지하는 공동의 가치관"이어야 한다. 이로부터 5대 공동가치관과 유가사상의 깊은 관계를 알 수가 있다. 심지어 싱가포르 민간에는 공동가치관은 서양문화를 배척하고 유가사상을 화인이 아닌 기타 국민에게 주입하려는 것이 아닌가 하는 여론이 나타나기도 했다.

2) 5대 공동가치관은 중국의 전통 법률문화 중의 "가족주의"의 전통을 체현하고 있다.

중국의 전통 법률문화에서 가정과 관련된 혈연, 가족, 종법제도(宗法制度)는 중요한 구성부분으로 가정이 중국의 전통사회에서 중요한 위치에 있음을 알려준다. 5대 가치관의 두 번째 가치관인 "가정은 뿌리이고, 사회는 기본이다"가 바로 이런 관점의 연속이다. 리콴유가 제기한 "아시아 가치관"은 바로 가정을 핵심으로 한다. 1993년 싱가포르 대학 학자들로 구성된 가정위원회에서는 민의를 수렴해 가정가치관의 초안을 작성했다. 다섯 가지 가정가치관으로는 "사랑하고 배려하며, 서로 존경하고 존경하며, 웃어른에 효도하고 따르며, 약속에 충성하며, 조화롭게 소통"하는 것이다. 이는 "가정을 뿌리"로 하는 가치관이 싱가포르에서 충분한 중시를 받았다는 것을 보여준다.

3) 5대 공동가치관은 중국의 전통 법률문화의 하나인 '조화' 를 지향하는 사상을 표현한다.

조화사상은 중국의 전통 법률문화의 철학기초이다. 조화로운 질서를 추구하는 것은 중국의 전통 법률문화의 기본가치 취향이다. 5대 가치관 중의 협상하여 공동의 의식을 이끌어내고 종족의 조화를 추구하며 종교의 관용을 실현하는 등의 개념은 싱가포르에서 조화로운 사회와 질서를 건설하기 위함이기에 중국 전통문화의 조화사상과 일맥상통하는 것이다.

3. 리콴유의 '아시아가치관' 및 싱가포르의 가정 입법

아시아 가치관이란 유가문명을 주체로 하는 가치관이 당대 동아시

아지역에서의 혁신과 발전을 말한다. 싱가포르 고문장관 리콴유는 아시아가치관의 최대 지지자이다. 그는 아시아가치관으로 싱가포르정치의 기초를 구축했으며, 온 힘을 다해 아시아의 가치관을 선양했다. 그의 '아시아가치관'의 핵심은 "가정은 동아시아사회의 영구적인 가치이다"라는 것이다. 주로 다섯 가지 방면이 포함된다. "첫째, 가정은 동아시아 사회의 기초이다. 둘째, 가정을 기초로 하는 사회구조는 싱가포르가 건강하게 발전할 수 있는 동력이다. 셋째, 가치관의 핵심내용으로서의 가정은 중화문명의 전통에서 비롯된 것이다. 넷째, 가정가치를 중시하는 것은 이미 아시아 사회가치관의 핵심이 되었다. 다섯째, 서방사회의 참견은 가치관을 핵심으로 하는 아시아문화를 근본적으로 변화시킬 수 없다.

리콴유의 '아시아 가치관'은 싱가포르사회가 전심전력으로 가정을 보호하는 원인에 대한 주해라고 할 수 있다. '좋은 공민' 8덕 교육의 '효', 5대 공동가치관의 '가정은 뿌리', '가정가치관' 등의 제기는 모두 여기에서 비롯된 것이다. 민간에서 가정 개념을 홍보하는 것과 서로 보완하는 것이 바로 싱가포르가 가정 입법을 중시하는 이유이다.

싱가포르 개항 초기 영국식민지 당국은 싱가포르가 이민사회라는 특점에 따라 혼인법에 혈통주의 원칙을 적용해 다른 종족과의 혼인관계는 그 종족의 습관에 따라 조정할 수 있도록 규정했다. 때문에 제일 큰 집단인 화인들은 여전히 중국 전통의 일부일처다첩(一夫一妻多妾)제도를 실시해 중국의 전통 법률에 따라 혼인가정 관계를 조정했다. 이 제도는 1961년 『부녀헌장(妇女宪章)』이 반포되면서 혼인가정에서 여성과 남성에게 평등한 권리를 부여했다. 이에 따라 1961년 9월 15일부로 법률 혹은 종교에 따라 아내를 맞이했거나 첩을 들였으면 혼인이 존속하는 기간에 어느 누구와도 다시 결혼하지 못한다고 규정했다. 이렇게 싱가포르에서 발표한 통일적 혼인법은 중국의 전통 혼인법을 대체했다. 혼인법과 비슷한 상황을 가진 것은 화족(华族)의 상속 관습이다. 중국의 전통습관에 따르면 아들만이 상속을 받을 권리가 있었다. 이 관습은 1966년에 싱가포르가 『유촉법(遺嘱法)』과 『무유촉계승법(无遺嘱继承法)』이 공포되면서 취소되었다.

현대 싱가포르사회에서 가정법률은 주로 인구노령화와 부양문제를 해결하고 있다. 1994년 싱가포르인구 중 60세 이상의 노인은 전체 인구의 9.5%를 차지했다. 노인문제는 이미 싱가포르의 중요한 문제가 되었다. 싱가포르 정부는 세 가지 조치를 내렸다.

1) 사회적으로 노인을 존중하고 노인을 존경하는 도덕을 널리 홍보했다.

정부는 3대가 함께 사는 가정을 격려했으며, 3대가 함께 살기에 적합한 가옥을 건축해 사전에 저렴한 가격으로 제공하는 정책을 실시해 노인들을 부양해줄 사람이 있고, 노인들이 자손과 함께 생활할 수 있도록 했다. 정부는 노인원(老人院) 설립과 노인원 수용인수를 엄격하게 제한했으며 노인들이 가정생활을 할 수 있도록 협조하고 격려했다. 이는 "부모의 은덕에 보답하는 동방의 전통을 유지해 노인들이 익숙한 환경에서 노년을 보낼 수 있도록" 하기 위함이었다.

2) 필요한 사회조직을 설립해 노인들을 위해 여러 가지 서비스를 제공했다.

　싱가포르정부는 오래전부터 노령화문제를 예견했다. 1984년 싱가포르 정부는 싱가포르 노인문제 위원회에서 제기한 노인문제 해결보고서를 심의하고 통과시켰다. 사회에서 노인을 존경하고 노령사업이 순조롭게 진행될 수 있도록 하기 위해 정부 사회발전부에서는 전문적으로 악령(乐龄, 60세 이상의 노년)서비스 팀을 설치했으며, 반관반민(半官半民, 반은 관에서 맡고 반은 민간이 경영하고 조직하는 일)의 인민협회에는 악령팀이나 퇴직인사회가 있고, 사회구역에는 악령클럽 및 악령활동연합회가 있다. 이런 노년조직의 형성은 노령화사업에 조직적인 보장을 해주고 있다. 독거노인을 위한 방문 간호, 가사 도우미, 점심 배달, 대낮 돌봄 등 사회서비스도 완벽하다. 1982년부터 시작된 악령의 벗 서비스는 따뜻한 마음을 가진 사람들이 모여 부정기적으로 노인들을 방문하고 노인들의 생활상의 불편한 문제점들을 해결해주는 등 여러 가지 서비스를 제공했는데 "자기 집 어른을 모시는 마음으로 남의 집 어른을 모신다"는 인애의 정신을 충분히 보여주었다. 1995년 고촉통 총리는 국회에서 정부는 2.7억 싱가포르 달러를 경로금(敬老金)으로 내놓으며 노인들이 싱가포르사회의 발전에 이바지한 공헌에 감사의 마음을 표현한다고 했다. 정부는 완벽한 퇴직금제도가 있다. 피고용인은 퇴직 후의 정상적인 생활을 유지하기 위해 매달 월급의 40%를 퇴직금으로 남겨야한다.

3) 부모 부양 법안 제정.

1994년 관리위원회인 의원 Woon Cheong Ming(溫長明)은 국회에서 부모 부양법안을 제기했다. 그는 이렇게 말했다. "부모 부양법안을 제기하는 것은 우리가 젊은이들에게 믿음이 부족해서가 아니라 일부 불효한 자녀들을 상대로 제정한 법안이다." 이 법안의 목적은 노인들이 법률적 수단으로 자신의 권리를 보장하고, 노인들이 만년에 적절한 보살핌을 받을 수 있도록 보장하기 위함이며, 도덕을 상실한 불효 자녀들이 부양의 의무를 이행하도록 하기 위함이다.

이 법률에 따르면 부양을 거절하거나 연세가 많은 부모 혹은 경제적으로 어려운 부모에 대한 경제적 지원을 중단한 어느 누구라도 벌금형에 처하거나 실형을 받게 된다. 부모는 이 법안에 따라 법원에 법을 지키지 않는 자녀를 고소할 수 있으며, 법원은 자녀가 매달 그들에게 '보조금'을 지원하도록 강압적인 조치를 내린다. 만약 법원에서 부모를 부양하지 않는 상황이라고 확정할 수 있다면, 피고인은 1만 싱가포르달러의 벌금형을 선고 받거나 유기징역 1년에 처하게 된다.